Paradigme Perdu

Seagreen Star Books

Montréal

Nicole Anne de Bavelaere

A cause de la nature dynamique de l'Internet, certains liens peuvent cesser d'exister après la publication de ce livre. Nous en sommes désolés.

Dépôt Légal Bibliothèque et Archives Canada : à venir.
Couverture : Adam Hays Studio UK

ISBN: 978-1-7750877-6-2 (couverture souple)
ISBN: 978-1-7750877-7-9 (ePub)
Édité par *Seagreen Star Books* 12/12/2021
info@seagreenstarbooks.com

AVERTISSEMENT : Les avis présentés dans ce livre ne remplacent en aucun cas les consultations professionnelles médicales, psychiatriques ou psychologiques. Ceci est une brève introduction à la pansystémologie.

L'Aube se Lève

La lumière chassera bientôt les ténèbres et les
mauvais songes,

Par sa vérité fulgurante elle anéantira tous les
mensonges,

La Nature maternelle nous en enseigne
patiemment les Lois,

Vers son giron, notre cœur guide nos pas

Qui se veulent alors silencieux et humbles, de
naissance à trépas.

C'est ainsi que l'unique Beauté, splendeur de
tout cela,

Manifeste ici-bas l'Invisible Compas,

Cet Ordre Ultime, ce Cœur plus grand que la foi,

Cette Éternité de Vérité cachée tout au fond de
soi.

Lové dans la Nature et ses multiples bras,

Ce Sceau a été, est et sera

Afin qu'ici beauté, harmonie et joie, soient.

Table des matières

INTRODUCTION

Quand j'étais toute petite, la Nature[a] m'a inspiré la joie de vivre puis m'en a donné le courage. Mon monde d'alors se résumait à mes échanges avec le vent, le soleil, les hirondelles, quelques arbres, mon chat et les abeilles qui vivaient dans le jardin arrière de notre maison. Tous étaient mes amis. Le reste, j'avais déjà appris à ne pas m'y attarder.

Les abeilles échangeaient avec moi, je les comprenais. J'étais une abeille. Pendant les trop longs mois d'hiver, dès que possible je me creusais un « igloo » dans la neige empilée de notre cour arrière afin de m'y réfugier. Dans sa lumière bleutée, tout était paix, beauté, silence et résonnance. J'y fermais les yeux. Souvent alors, un film d'images vivantes apparaissait dans mon esprit. En réfléchissant par la suite, bien plus tard, je constatai seulement que j'y étais différente, vivant ailleurs, avec d'autres gens, dans d'autres pays et

---

[a] J'utilise une majuscule pour une Nature reconnue dans toutes ses dimensions.

à d'autres époques. Je ne contestais pas ces images, car pour moi il s'agissait de réminiscences évidentes. Je croyais que cette expérience, tous la partageaient. Cela me suffisait. J'étais naïvement heureuse au sein de ma famille de la Nature qui m'aimait.

Nous ne possédions que quelques livres. Regarder la télévision, en noir et blanc à deux chaînes, n'était pas dans nos mœurs. Les gadgets électroniques, cellulaires, ordinateurs et autres n'étaient que des rêves.

Bien plus tard, en prenant du recul j'ai pris conscience de ma situation. Enfant, en fait, que ce soit à l'école ou à la maison, je passais le plus clair de mon temps seule. Même si nous étions une fratrie de cinq, nul ne voulait ou ne pouvait jouer avec moi. Mes parents étaient distants, particulièrement avec moi.

Puisque je n'avais rien connu d'autre, je ne pouvais ni l'analyser ni le voir. Mais je le vivais, à chaque instant.

Assise seule dans le carré de sable érigé dans notre cour arrière, voyant mon père et ma mère s'affairer autour de la maison, je me souviens m'être même questionné : « Mais qui sont ces gens ? »

Après quelques années, j'ai commencé à me lier à la Mère de tous ; celle que ma mère nommait la Vierge Marie, mère de Jésus. La nuit, comme souvent j'étais trop agitée et anxieuse pour m'endormir, je sentais qu'elle me recouvrait doucement de sa cape bleue. J'étais aimée et protégée. Je pouvais enfin lâcher prise. Dans mes rêves, elle venait me rassurer : jamais elle ne m'abandonnerait. En m'endormant, il m'est arrivé de voir apparaître son visage rayonnant, parfait et aimant, tout près du mien. Cela me coupait le souffle, littéralement. Je recevais de l'amour en écho du mien, enfin, comme une lettre venue d'un pays beau, invisible et paisible, mais pas inconnu.

Un jour, je devais avoir 9 ou 10 ans, une abeille s'est doucement posée sur ma cuisse. Ce n'était pas la première fois. Sans parler ni bouger j'échangeais avec elle. J'entendis la porte-moustiquaire s'ouvrir brusquement. Ma mère surgit de la maison en s'exclamant : mais tu es folle ! Tu vas te faire piquer ! J'ai alors senti comme si une porte infinie se fermait au fond de moi, me laissant dans l'ombre. La lumière dans laquelle je vivais de façon inconsciente jusqu'alors, n'était plus. Une peur panique et irrationnelle des insectes piqueurs s'est emparée de moi. Pourtant, je savais pertinemment que les abeilles meurent lorsqu'elles attaquent, et pendant des années j'avais été en confiance avec elles sans même songer un seul instant qu'une puisse me blesser. Je les aimais, je les respectais. Une incohérence s'était installée chez moi. Deux années me furent nécessaires pour m'en débarrasser. Depuis cependant, la pureté des échanges silencieux emplis de résonnance et de confiance avec la Nature m'échappe. La porte est close.

C'est ainsi que j'ai perdu ma clef du Paradis.

Dès cet âge, une grise solitude a étendu son emprise sur moi. Dans son manteau usé, elle cachait un lot de questions incriminantes et angoissantes qu'elle déballa minutieusement dans mon jeune cerveau au cours des années suivantes. Toute ma vie, j'ai cherché à retrouver la résonnance, l'échange confiant et aimant, le bonheur que mes proches étaient incapables de m'offrir, mais que la Nature m'avait prodigué avec tant de largesse. Grandissant, ce que je ressentais s'est précisé. J'espérais quelque chose qui forcément devait exister puisque je souffrais de son absence. Je redoublai donc de gentillesse et de docilité. Je faisais rire pour être acceptée. On m'évitait. Je m'éclipsais et je m'effaçais de la vie familiale. Malgré tous mes efforts, un mur était érigé entre le reste de la famille et moi-même. Ils ne me voyaient pas. Par leurs réactions, je me rendais bien compte que celle qu'ils percevaient, celle qu'ils jugeaient n'était pas moi. D'où vient ce manque de compréhension?

Adolescente, je me mis à gratter cette plaie ouverte sans pouvoir l'interpréter ou percevoir sa cause. Au crépuscule, une froide tristesse vêtue de gris lambeaux s'en échappait. Elle se jetait alors sur ma gorge et m'étranglait. Je suffoquais. Je ne pouvais m'évader, discuter et encore moins fraterniser. Elle me serrait jusqu'à ce que je me vomisse moi-même en y laissant ma conscience et mon estime de moi; c'était là le seul moyen de la fuir : me haïr moi-même.

Le jour, je ressentais souvent un désir sans objet drapé de nostalgie désespérée. Aussi ai-je appris à vivre seule dans mon jardin secret. J'évitais peut-être ainsi la douleur des rejets. Mais sans que j'en sois consciente, l'abandon avait gravé sa présence dans chaque fibre de mon être charnel.

Quelques années de plus, et le besoin de fuir cette souffrance quotidienne m'obséda. J'ai tout tenté : l'exercice physique et la compétition, trouver un compagnon, me donner à fond dans mon travail à la télévision et à la piste de course de chevaux, puis enfin réaliser une quête spirituelle. Elle seule par le truchement d'êtres exceptionnels rencontrés sur mon chemin a ouvert la porte de mon cachot et une fenêtre sur moi-même. Elle a su me guérir de dix années d'anorexie et de boulimie chroniques.

Il y a quelques années, j'ai enfin osé demander à une de mes sœurs ainées pourquoi elles m'évitaient lorsque j'étais jeune. Elle me répondit sèchement, sans même hésiter : « On te haïssait parce que tu étais belle ». Ajouté à d'autres commentaires récents dans la même veine, cela m'a laissée sans voix et brisée. J'ai alors compris la question cryptique d'un ami : « Pourquoi refuses-tu d'être belle ? » Pourtant, ma famille me disait quelconque, voire ridicule. Comme elle m'informait que, malgré les mots écrits et les apparences ma deuxième sœur partageait son sentiment, j'ai vérifié, elle n'a pas nié. Donc, une part d'elles détestait non pas moi, mais quelque chose d'impalpable[a] en moi : la beauté. Cette lumière que j'avais ressentie et qui est de l'autre côté de la porte infinie. Cette essence informe qui m'a toujours été aussi vitale que l'air. Me remémorant tous nos échanges passés et présents, j'ai dû alors admettre qu'en fait j'avais toujours été une sorte de Cendrillon. Ma mère, que j'aimais, affichait une relation ambiguë avec moi, jamais chaleureuse. J'avais été ignorée, méprisée puis reniée par mon père que j'aimais tant. Après l'indifférence de ma petite enfance sont venus le mépris, un esprit compétitif toujours prêt à éclater et même de la haine pas toujours camouflée dans un gant de velours. Les moments de complicité de notre enfance ? Je n'en ai pas. Voilà qui justifia une fois pour toutes les perceptions que je refusais sans cesse : ils ne m'aimaient pas, tout simplement. Ce n'est pas une faute, ce n'est qu'un fait. Je l'ai enfin accueilli tout

---

[a] Voir chapitre 5.

bonnement et, curieusement, sans aucune rancune. Peut-on être aimé par ses sœurs si les parents en sont incapables? Disons que cela ne favorise pas une acceptation de l'autre. C'est le passé. On ne s'allonge pas sous un cheval qui vous piétine, même si on l'aime. On se tient debout et on garde ses distances. Un niveau plus subtil de nos êtres souvent requiert cette distance physique pour que nous gardions une certaine dignité et pour que notre cœur cicatrise ses blessures. La vérité nous affranchit. À cet étage de notre être cependant nous nous aimons tous[a]. J'ai pris un autre chemin et enfin, j'ai trouvé la paix.

Heureusement pour moi, sans savoir consciemment tout cela, plus profondément il y a toujours eu dans mon cœur un savoir intuitif que je ne pouvais m'expliquer, un amour inconditionnel et une direction claire. Devenu mon ancre, j'y ai puisé ma résilience. J'étais et je suis habitée d'une certitude, qui s'est vérifiée ; un monde beau et aimant existe bel et bien même s'il est inconcevable pour notre être conscient.

---

[a] Voir chapitre 5.

J'ai appris par expérience et recherches que ce monde est en vérité la base, le *tissu* même de la Réalité[a] dans sa totalité. Il est peuplé de présences et de présence ; j'ai constaté que lui seul donne de la saveur à nos jours, du sens à notre existence et sacralise[b] notre vie.

Parce que nous sommes humains, nous avons *tous* besoin et accès à cet amour, si humblement nous ouvrons notre cœur et acceptons enfin qu'existe un monde auquel notre mental analytique n'aura *jamais* accès. Notre cerveau de l'analyse ne peut appréhender ce monde puisque son mandat est de tout mesurer, catégoriser, voir et soupeser. De plus, il est situé à l'intérieur de ce monde donc il ne peut le comprendre. Avec le temps, j'ai réalisé que ce paradis, mes proches n'y avaient pas accès. Leur « Dieu » n'était ni aimant, ni beau. La beauté pour eux était vanité. Mes parents étaient religieux, certes, mais pas spirituels. Le crédo qu'ils suivaient en était un d'acceptation de la douleur.

---

[a] La lettre majuscule dénote la réalité dans tout ce que nous percevons, ou ne percevons pas et dans tout ce qui n'est soumis ni au temps ni à l'espace et même au-delà.

[b] Il nous empêche de nous transformer en objets interchangeables. Ce faisant, nous acquérons dignité et identité.

Les malheurs, croyaient-ils, leur étaient envoyés par le Ciel pour tester leur foi. L'abnégation ou plutôt la négation de soi était un prérequis « pour accéder au Paradis à la fin de leurs jours ». On ne leur a jamais expliqué que nous disposons de deux « soi ». Quelle triste philosophie auréolée de mort et bien loin de la vie ! Peut-on accepter l'autre lorsqu'on se renie soi-même? Ajoutée à la mode d'alors de ne pas « gâter » les enfants par des démonstrations de tendresse, cette théorie crée chez des enfants sensibles un désir physique de ne plus exister et de disparaître. Cette réponse est un réflexe mammalien naturel que j'ai nommé « le syndrome de l'éléphanteau ». Nous en reparlerons[a]. En fait, notre cerveau et notre corps sont conçus pour appréhender la Réalité[b]. Les recherches démontrent que par notre cerveau nous vivons sans le savoir dans deux mondes bien réels et en apparence distincts, imbriqués l'un dans l'autre. Nous avons un soi dans chacun d'eux. Celui dans lequel nous vivons notre vie consciente n'est pas conscient de l'autre qui lui,

---

[a] Voir chapitre 5.

[b] La majuscule indique la réalité dans sa totalité.

surpasse et englobe celui du temps et de l'espace. Ceci explique pourquoi nos deux hémisphères cérébraux sont séparés.

Guidés par notre état conscient, nous croyons de façon erronée que le monde fini, chaotique et entropique de l'évidence tel que décrit par « la science[a] » représente toute la réalité. C'est un leurre, source de toutes les misères humaines. Poussés que nous sommes par l'évolution de notre cerveau, nous avons pour l'instant perdu la clef du Paradis et une part de nous-mêmes. Mais cette phase se termine. L'aube de la suivante se lève. Tout dans notre communauté humaine l'indique. Pour hâter le pas je vous convie ici à un voyage essentiel au cœur de qui nous sommes. Certains de plus de vingt-huit ans, modelés par la phase qui se termine à coups d'analyse, de problème d'attachement[b], de fuite

---

[a] « La science » est un concept médiatique et faux qui regroupe toutes les sciences sous une bannière unique dont la seule motivation serait le bonheur et la libération de l'humanité, auréolant ainsi tous ceux qui se disent « scientifiques » du laurier de la vérité absolue et incontestable.

[b] J'inclus ici ceux qui ont subi des sévices physiques, psychiques et/ou sexuels. Les abus sexuels sont les attouchements, les viols, la promiscuité et les mutilations génitales.

virtuelle et de martèlement par les médias, éprouveront peut-être de la difficulté à accéder au paradigme du Paradis. Ils en comprendront au moins le pourquoi et se donneront les moyens d'éviter que leurs propres enfants ne perdent le lien avec celui-ci. L'empereur romain Marc-Aurèle disait que sur terre « peu c'est déjà beaucoup ». En effet, le petit changement de perception permis par le voyage essentiel proposé ici pourrait métamorphoser votre vie, comme il a sauvé la mienne.

La Grotte de Platon, attribué à Michiel Coxcie, milieu du XVIe siècle. Huile sur bois de peuplier. Musée de la Chartreuse, Douai.

Tableau inspiré d'une allégorie de Platon exposée dans le Livre VII de *La République.* Dans leur « demeure souterraine », en forme de caverne, les hommes sont enchaînés. Ils n'ont jamais vu directement la source de la lumière, ils ne connaissent que celle qui leur permet de voir leurs ombres projetées sur les murs de leur caverne. Voilà le monde de l'Évidence et de la personnalité.

1
LA VIE EST UNE PIÈCE DE THÉÂTRE DONT NOUS SOMMES LES ACTEURS OBLIGÉS.

« L'univers commence à ressembler plus à une grande pensée qu'à une grande machine. »
—Sir James Jeans, physicien et mathématicien.

Tout d'abord, soyons clairs : certains, désormais incapables d'accéder à cette Réalité, affirmeront par instinct de conservation de leurs édifications analytiques,[1] et ce, malgré les faits, que le monde dont je parle n'est que balivernes imaginaires. Pourquoi nous limiter à ce qu'*ils* perçoivent ? À mon âge respectable, je *sais* qu'ils ont tort. Ils n'ont plus ou pas de lien avec la conscience particulière qui est fruit du paradigme plus complet de la Réalité, tout simplement. Sans le savoir, ils se confortent dans leur inaptitude. Ils vivent psychiquement seulement dans le monde physique et son paradigme qui est celui de l'Évidence. Mais ce paradigme est à l'intérieur de celui de la Réalité. Ils deviennent agressifs lorsqu'on évoque une conscience qui serait différente. Tout comme une Tribu qui bannirait de son sein les individus dont l'urine ne présente pas de couleur rouge[a], ces gens se reconnaissent et se rassurent mutuellement. Pourtant les individus adultes de cette tribu souffrent tous, en fait, de bilharziose[2].

J'ai passé ma vie en recherche pour me rendre compte que finalement, derrière leurs railleries, violences et certitudes pédantes, ils sont très limités et surtout apeurés. Si le résultat de vos découvertes vous apporte bonheur, joie de vivre et s'il vous permet une action positive dans le monde, pourquoi vous en priver ? Ils ne voient de la réalité que ce qui leur ressemble.

Ainsi, l'auteur du très célèbre *Paradise Lost* (Paradis perdu), le pamphlétaire John Milton (1608–1674) y écrivait de la bouche du diable :

---

[a] En exemple, dans le nord du Nigeria une schistosomiase urinaire était considérée comme normale et désirable ; le signe que l'individu rejoignait le groupe des hommes adultes et de ce fait la communauté.

« Mieux vaut régner en enfer que servir le ciel[3]. »

C'est un choix de notre part égocentrique. Mais contrairement à ce qu'il affirme, personne ne règne en enfer, pas même Satan.

Milton, inconsciemment peut-être, s'était trouvé des affinités avec le parti de son Satan. Aussi a-t-il applaudi le régicide de Charles I. Assassiner le roi suite à une parodie de procès, comme cela s'est fait avec Louis XVI, Marie-Antoinette et combien d'autres, ne servait à rien. Il eut été préférable de transformer le gouvernement afin de l'harmoniser avec le modèle fondamental et complet suivi par la Nature. Mais c'était trop tôt. Milton démontra tout simplement qu'il avait bel et bien perdu la clef du Paradis. Ce qu'il décrit n'est pas le Paradis. C'est un lieu de hiérarchies horizontales. Cela n'existe qu'en enfer. Son Dieu est à l'image des hommes de son temps soumis à leur monde conscient confondu à la lumière du soleil. Le Ciel des âmes est bien davantage une ruche cohérente d'abeilles. Chacune défend chacune, chacune sert plusieurs fonctions qui se succèdent et toutes œuvrent en harmonie partagée *vers un même but* parce que toutes font partie du même Être, qui est à la fois Source et Finalité. Il n'y a pas de « domination » au Paradis. On ne peut non plus « ébranler le trône » de la Réalité. On ne peut que semer le chaos ici-bas.

Je ne vois pas d'amour dans son Paradis. Même si son Adam accepte de mourir parce qu'Ève a croqué le fruit de l'arbre de la connaissance du bien et du mal dont Satan est le régent, il sait ce que la vie lui réserve sans elle. Il a déjà vécu sans conscience d'elle. La mort avec Ève sera beaucoup plus douce.

Il ne lui prête pas le potentiel d'échanger avec Dieu à cette Ève, seul son Adam en est capable. Son Ève a été créée pour lui plaire de toutes les façons possibles. Elle est une femme, pur reflet de ses propres désirs. Et lorsqu'il lui prête l'oreille, c'est la damnation de l'humanité entière qui s'en suit. On voit où cela nous a menés.

Contrairement à celui de Milton, Satan le régent des forces chaotiques n'a pas de compagnon ou de « camarades », car il manipule tout ce qu'il rencontre afin de servir ses desseins personnels. Il n'est qu'absence. Il est incapable de remords ou de compassion. Il calcule et manigance, prétextant la vertu pour atteindre son seul but : dominer. En fait, son Satan projette sur « Dieu » son propre désir inavoué. Milton a ainsi humanisé les forces du chaos en les rendant héroïques et sympathiques. Il a aussi bien pris soin d'affubler celles de l'ordre et de l'harmonie d'un visage tyrannique. Tout cela était un plaidoyer pour la révolution et pour l'abolition d'une caste, d'un club sélect dans lequel tous ne sont pas admis. Les esprits despotiques ont horreur de ce qu'ils ne peuvent même pas imaginer pénétrer, gravir et dominer. De plus, cette caste ne remplissait plus son rôle, car elle-même avait perdu la clef du Paradis. À l'image du discours qu'il prête à son caractère de l'Archange Michael, ce vrai régent du soleil[a] symbolique, il ajoutait :

---

[a] Confusion dans son texte acclamé par la BBC comme étant supérieur à ceux de Shakespeare : Uriel n'est pas le régent de l'orbe solaire, mais plutôt de la Terre. Ce rôle appartient à l'Archange Michaël.

> *« L'esprit est à soi-même sa propre demeure, il peut faire en soi un ciel de l'enfer, un enfer du ciel. »*

Il admettait ainsi que la perception de l'être humain détermine tout le reste. Et de conclure son récit :

> *« Au moment opportun, tu (Adam) lui feras part (à Ève) de ce que tu as entendu, surtout de ce qu'il importe à sa foi de connaître, la grande délivrance du genre humain, qui doit venir de sa race, de la race de la femme. »*

Pour être plus exact, il eut fallu écrire « de la race d'Ève », car la femme d'aujourd'hui désireuse d'un compagnon a été façonnée à travers les siècles par le désir de l'humain masculin, et non par « Dieu ». Ève, par contre, celle qui nous sauvera par son fruit, comme nous le verrons, se retrouve autant chez l'homme que chez la femme[4]. C'est pourquoi elle est formée de la côte de l'Adam Originel, archétype de l'Humain total[a], qui n'est pas un humain et encore moins de sexe masculin. L'Adam du Paradis possède le Principe

---

[a] Carl G. JUNG le nomme Homo Totus.

masculin et le Principe féminin qui se retrouvent en tant que polarités chez l'humain terrien. Ève est une part de notre nature à tous ; celle qui vibre au paradigme de la Réalité[a] dans sa totalité. Elle est immortelle. Il était naturel à Ève de vouloir être comme l'archétype divin qui est Perfection et Beauté. Adam déchu est une part de notre nature à tous ; celle qui vibre au paradigme de l'Évidence. Notre avenir, c'est l'Adam Originel qui aura intégré Ève en lui. Et alors Dieu ou la Conscience sera en nous. C'est le but du chemin de l'individuation si cher au grand psychanalyste Carl Gustav Jung.

Le péché n'a pas été d'avoir consommé une relation charnelle. L'erreur est d'écouter le désir de contrôle et de domination de Satan, ou Seth dans la tradition d'ancienne Égypte, ce régent du monde limité soumis au temps et à l'espace. Cette force parle à notre part analytique, tout comme l'archétype divin

---

[a] Pour plus de détails, voir PAGE, Ariane Homme... Femme... un Nouveau Regard : Le Code Invisible de la Nature et du Cerveau humain — volume 1, Seagreen Star Books, Montréal, 2017, chapitre 5.

nous inspire des images et des sensations du monde de la Réalité qui sont hors du temps et de l'espace. Les « Lois » du Ciel ne sont en fait qu'indications de la façon dont l'humain doit se comporter face à la structure d'un univers de temps, d'espace et d'information. Elles peuvent nous éviter la misère et le chaos. En effet ; notre part de Terre enchevêtrée à notre part de Ciel sème confusion et incohérence dans notre façon d'agir et de penser, car chacune est liée à un paradigme distinct dans notre esprit. Les lois divines avaient pour but de nous simplifier la vie en nous faisant comprendre que le paradigme de la Réalité englobe et dépasse celui du monde matériel, de l'Évidence. C'était comme de dire : *« si vous ne mettez pas d'imperméable et allez sous la pluie vous serez trempés (monde de l'Évidence). Si vous ne faites qu'imaginer la scène sans jamais passer à l'acte, vous resterez au sec (monde de la Réalité) »*. Ce sont en fait les Lois de la Nature inclusives de la psyché. L'échafaudage que les hommes en ont fait, c'est autre chose.

La société est le miroir du milieu familial et vice versa. Aussi ce dernier devrait-il normalement nous préparer à nous insérer harmonieusement dans le monde afin d'y apporter notre aspect *unique*. Cet aspect de l'individualité[a] n'est pas lié à notre mental analytique[5] limité, mais plutôt à notre cœur. Son ressenti influence notre corps physique et nos émotions qu'il colore. Il permet notre résilience. Sans l'apport de l'ancre stable de l'individualité[b], nous flottons au gré des sensations et des événements. Nous sommes perméables à toutes les influences psychologiques. Nous demeurons ainsi étrangers à notre propre quintessence[c].

Qu'advient-il, lorsque famille **et** société souffrent de déficiences contraires à l'expression de notre individualité ? Qu'arrive-t-il dans une société où tout est intellectualisé, analysé, virtualisé, mort et matériel ? Tout comme une personne souffrant

---

[a] **Individualité** : Part indivisible de l'être humain. Elle n'est pas le résultat de la société, de la génétique ou de l'épigénétique comme l'est la **personnalité**. Elle est stable, unique au monde, incontrôlable et liée au Tout. Pour le psychanalyste Carl Gustav Jung, c'est le Soi et le but de notre évolution.

[b] Jung disait avec raison que le Soi (individualité) est ce qui manque au « moi » pour que celui-ci soit complet.

[c] Pour Aristote, elle fait partie de l'éther, pour Cicéron de la matière de l'âme, et pour nous c'est aussi le Soi.

d'Alzheimer avancé ne sait pas qu'elle est malade, en général nous l'ignorons puisque ces deux milieux, famille et société, modèlent la part *consciente* de notre personnalité par le truchement de notre subconscient[a]. Nous n'entendons plus la voix du cœur. Sans pouvoir comprendre ce qui nous arrive, nous souffrons quelquefois d'un vague malaise et d'angoisses. Nous ressentons un vide vertigineux, peu importe notre situation[6] économique ou autre[7]. En société, nous nous sentons parfois tel un canard boiteux parmi des cygnes. Ne voyant que l'apparence des autres et non ce qu'ils vivent vraiment, puisqu'eux-mêmes en général l'ignorent, nous nous interrogeons : « Pourquoi ne suis-je pas heureux comme les autres » ? Comme on ne trouve pas parce que le problème est invisible on se dit : « Qu'est-ce qui cloche en moi ? » En fait, nous cherchons des causes et des solutions matérielles à un état psychique et physique *d'incohérence* et parfois

---

[a] Le subconscient est une partie de l'inconscient contenant les mémoires personnelles et collectives qui influencent (en fonction des individus) sous la forme d'automatismes la quasi-totalité de notre conscience.

sommes prêt à tout, même à mourir, pour sortir de l'étrange mal ou pour l'ignorer. Mais cet état est généralisé, car il est le reflet des incohérences sociales passées et actuelles.

L'amour pour un temps peut nous en libérer. Toi et moi contre le monde. Ou alors nous ne cherchons pas et recherchons quotidiennement des divertissements, des étourdissements et des stimulants. Un petit plaisir chaque jour, entendons-nous dire.

Le plus souvent, nous chercherons coûte que coûte un rôle qui soit hautement reconnu ou rémunéré au sein du social. Si par chance et travail nous y avons accès, nous en ferons notre centre et y jetterons l'ancre sans hésiter. Même si ce « centre » n'est en fait qu'à la périphérie de nous-mêmes. Nous sommes fiers, nous détenons une identité sociale, nous existons. Mais y a-t-il une place dans cette fonction pour *notre* identité profonde ? Ou est-ce un rôle que nous jouons pour faire partie de la distribution sociale, pour ne pas vivre isolé, pour être admiré ou simplement pour survivre ? À cause de l'orientation de notre civilisation, ce rôle nous forcera à modifier notre cerveau et à taire ou ignorer notre individualité. Nous deviendrons ce que les autres acteurs apprécient. Inlassablement, nous chercherons des miettes d'amour, de reconnaissance, de résonnance parce que nous sommes humains. Nous projetterons dans l'horizon lointain une retraite illusoire parée de vie. Là, pensons-nous, nous serons libres et heureux. Mais ce ne sera toujours, ce jour-là, que de la périphérie, divertie et alcoolisée pour les mieux nantis. Un avenir à prendre 10 médicaments chaque jour[8] en se répétant qu'on est enfin libre. C'est oublier aussi le grand nombre de ceux qui souffrent de maladies chroniques, sans espoir de guérison. Être libéré des tracas financiers et du travail imposé par le système ne nous libère ni de notre corps, ni de nos schémas mentaux.

Une connaissance, amère de sa vie présente, me confia :

« Tu sais, avec lui je me sentais en sécurité et choyée. On faisait tout ensemble. La retraite a sonné et nous avons eu beaucoup de plaisir. On peut dire que nous avons mordu dans la vie à pleines dents. Mais là, je le vois engraisser. Il se plaint toujours de tout. Rien ne l'intéresse à part le cours de la Bourse, ses rendez-vous chez le médecin, les mêmes

amis de golf qu'il rencontre au bar en fin d'après-midi, puis la télévision jusqu'à une heure du matin. On ne fait plus rien. On n'a plus rien à se dire. Il n'y a plus rien en bas, se plaint-il. Pour moi, il n'y a plus rien ni personne en haut. C'est ça le pire. En fait, je suis comme une veuve et je dois le supporter, lui, tous les jours. Je n'en peux plus. »

Non, avec le monde de l'Évidence nous n'avons pas accès à *notre* centre. Lorsque nous vieillissons, la vérité du vide intérieur s'exprime malgré ceux qui croient « rester jeunes en faisant du sport ». C'est bien, le sport, mais ils ne trompent qu'eux-mêmes. Chaque phase a des besoins différents. On ne peut vivre toute sa vie dans la même[a]. Le besoin de la jeunesse est de transmettre sa génétique physique et émotionnelle, le besoin de l'âge mûr est de transmettre sa génétique mentale et spirituelle.

Pour connaître notre centre, il faut en premier lieu connaître et surtout saisir notre condition humaine. Ceci nous permettra de comprendre les causes imperceptibles qui influencent et déterminent en grande majorité nos pensées, nos émotions, notre

---

[a] Voir mes autres ouvrages.

comportement et notre état physique. Mais ce monde sans artifice associé à l'inconscient[a] et beaucoup au subconscient — près de 90 % de notre fonctionnement selon les chiffres avancés[b] — fait peur à beaucoup d'entre nous, non sans raison. C'est de l'inconnu, c'est bizarre, c'est irrationnel, voire paranormal, invisible, silencieux et ça semble solitaire. Socialement aussi, en créant des oppositions : extrospection et introspection, science et religion, vérité et « crédulité », vie matérielle et vie imaginaire, objectivité et subjectivité, nous nous sommes enfermés dans une boîte faite de deux espaces opposés : bon/mauvais. Nous vivons ainsi dans un labyrinthe sans issue. Du coup, notre vie intérieure est devenue une boîte noire requérant un spécialiste de la chose pour (peut-être) la déchiffrer.

---

[a] Pour FREUD, l'inconscient englobe le conscient. Il donne l'image d'un iceberg pour exprimer ce concept. Ceci donne raison aux deux paradigmes. Cependant, son inconscient se limite au monde génital ce qui à mon sens est une erreur. Le génital est beaucoup lié au subconscient, ce monde pétri d'automatismes dont le siège se situe dans les noyaux gris centraux.

[b] Je crois qu'ils associent inconscient et subconscient alors que je fais une distinction entre les deux.

Mon but ici, entre autres et grâce aux découvertes concernant le cerveau humain, c'est de démystifier et de simplifier notre perception de cette « intériorité ».

Nos choix contemporains négligent de nourrir et de nous guider vers ce qu'il y a de plus élevé et d'unique en nous, vers ce qui pourtant devrait déterminer tout le reste. En conséquence, nous perdons ou n'atteignons jamais la cohérence. Nos aspects émotionnels physiques, mentaux, sociaux et spirituels se dissocient de plus en plus. Sous le vernis d'un déni subconscient, cette vacuité nous entraîne dans une fuite vers l'avant jusqu'à ce que notre partie physique ne puisse plus compenser. Elle nous mène à l'incohérence de nos étages expérientiels, à la détresse psychique, la solitude ou la maladie. Ou simplement au déni. « Il est où le bonheur, il est où ? » dit alors la chanson. C'est bien le lien avec le paradis que nous avons perdu.

La Nature qui porte aussi la clef du Paradis en son sein ici sur terre, c'est aussi nous-mêmes. J'utilise une majuscule pour une Nature reconnue dans toutes ses dimensions. Objectivée, elle n'est que la nature dans son aspect physique. Si l'humain, fruit de la Nature, est potentiellement émotionnel, intelligent, conscient et capable de spiritualité, c'est que la Nature détient aussi ces attributs. Aussi, avant le développement fulgurant de nos capacités analytiques pouvait-elle nous servir de mère de cohérence, de résonnance et de projection ; une visite en son sein pouvait nous aider à retrouver l'équilibre et le chemin sans que nous comprenions pourquoi ; nous pouvions même y voir et y projeter notre dieu[a] intérieur et son paradis. Mais à présent, dans l'état où elle se trouve et où nous nous trouvons, elle nous réconforte certes, mais ne peut nous instiller ni sa cohérence ni les émotions profondes d'avant. Nous communiquons peu avec elle.

Pour beaucoup d'humains, elle n'est qu'un décor extérieur. Une affiche en couleurs placardée derrière leur vélo d'exercice près d'une fenêtre ouverte leur fait autant d'effet. Est-il surprenant dès lors que les recherches démontrent que le degré de tendances psychopathiques d'un individu est inversement

---

[a] Aspect de nous qui n'est soumis ni au temps ni à l'espace ; notre individualité.

proportionnel à son amour et besoin de nature[9] ? Alors, que nous soyons tristes ou incohérents est *aussi* un reflet de ce qu'elle est devenue et de notre manque de communication ou de connectivité véritable avec elle. Se déclarer satisfait de notre monde actuel implique d'avoir su taire ou d'avoir modifié la part de notre être la plus fondamentale, celle qui fait de l'Humanité son H[a] majuscule. Cet aspect-là, comprenons-le, vit en symbiose avec la Nature complète. Ce confort ou cette indifférence de certains est en fait un symptôme de misère aussi bien émotionnelle, sociale que spirituelle. Certes, l'instauration d'une hygiène physique a souvent eu raison des maladies physiques croisées dans le cours de l'évolution humaine. Elle ne suffira pas pour faire face aux maux qui nous assaillent à présent, car ceux-ci ne sont et ne seront pas physiques à l'origine.

Le virus de la Covid et les nombreux membres de sa famille ajoutés au haut taux de détresse

---

[a] De la même façon, l'humanité, lorsqu'elle exprime toutes ses caractéristiques potentielles acquiert sa majuscule. Celle-ci implique que des éléments hors du temps et de l'espace font partie de sa structure.

psychologique dans tous les pays donnent raison à mes prédictions et conclusions avancées depuis 2012[a]. Nous y sommes, à la croisée des chemins de vie et de mort quand la Nature va reprendre ses droits. Elle est beaucoup plus intelligente que nous. Elle n'a besoin de nous que pour optimiser un élément néguentropique[b] qui existe hors du temps et de l'espace. Il est le seul apte à assurer un équilibre viable de la Nature.

Nous, nous l'abusons, la détruisons, la méprisons sur une échelle de plus en plus vaste. Mais *nous* ne pouvons vivre sans elle. Aussi nos actes d'ignares de la Nature ne sont-ils pas sans danger pour nous-mêmes[c].

---

[a] Voir mes différents titres sous Ariane PAGE.

b Le modèle dans sa totalité comme on le verra. La vie sur terre demeure un mystère.

[c] Décrit par David GRIMALDI et Michael S. ENGEL dans leur livre « *Evolution of the Insects* ». L'industrie aveugle des pesticides et insecticides éradique les insectes bénéfiques et inoffensifs, comme les abeilles et les papillons, car ils n'ont pas la gamme d'enzymes détoxifiantes des insectes phytophages qui rendraient le poison inefficace. Ces derniers, au moins 500 types, se reproduisent pour former des colonies mutantes et sont désormais résistants à au moins un insecticide, certains à tous.

En exemple, nous devons utiliser de plus hautes doses d'antibiotiques dans le domaine médical ou de pesticides dans le domaine agricole pour une même efficacité. Certaines bactéries ou insectes, virus et autres sont maintenant résistants aux seuls outils que nous possédons. Des souches variantes de la Covid plus contagieuses semblent venir de nulle part. En réponse, nous devrons inventer de nouveaux vaccins. Les agences médiatiques nous disent à présent que les vaccinations ne suffiront pas[10]. Sans parler du coût financier pour chacun d'entre nous en fin de compte (mentionné nulle part) si d'ailleurs une fin existe, on peut s'interroger sur notre approche. La nature sélectionne virus (même ceux qui seraient créés par l'humain) et bactéries pour contourner notre technologie, car elle est régulatrice du *Tout* qui vit sur terre. Nous mettons en danger sa résilience et sa diversité donc son équilibre, et notre existence même. Elle tente de protéger la vie sur terre, incluant la nôtre, mais nous ne l'écoutons pas. Or, notre système économique toujours insatiable demande davantage de consommateurs pour générer une expansion, pas moins.

La vaccination ne nous empêche pas d'être un porteur potentiel du virus ; or on accuse les non-vaccinés d'être les seuls porteurs d'enfer.

Sans nous en rendre compte, nous avons opposé le système autorégulé de la Nature qui s'exprime aussi à travers nous, à celui d'une économie de marché artificielle placée seule et de façon dangereuse au centre de nos préoccupations. L'économie au centre n'y est que parce que nous avons perdu le lien avec la Réalité. Nous ne pensons l'humain qu'à travers une vision étriquée du monde. C'est un point de vue limité au matériel et à l'utilitaire. Mais cette économie-là n'est que le fruit d'une perception analytique, superficielle, incomplète et maintenant désuète. Avant que ce système imaginé par l'homme façonné de terre ne s'écroule, *car il ne peut persister dans son état présent sans nous détruire avec lui*, il nous faut le modifier grâce à une compréhension plus complète de la

Nature[a]. Cette nouvelle conscience sera facilitée par une meilleure compréhension de notre psyché. Nous connaîtrons alors les conditions fondamentales à son expression optimale[b].

Pour ce faire, acceptons comme hypothèse à la suite de certains milieux scientifiques, de la psychanalyse jungienne, et d'autres, que la psyché, d'aucuns la nomment Conscience[c], Intelligence, Âme, Amour ou Dieu, peu importe, est à la base de tout ce que nous nommons Nature[11] ou Réalité. Ceci inclut la réalité telle que nos sens la perçoivent et celle qui est « cachée derrière ». Notre science physicaliste[d] n'a pas accès à celle-ci, car elle ne peut ni l'analyser ni la mesurer. Elle n'est donc pas vérifiable. Pour la science donc, la psyché n'existe pas vraiment.

---

[a] L'économie circulaire est un exemple intelligent que nous pourrions appliquer.

[b] Contenu des processus conscients et inconscients propres à chaque individu.

[c] Il me faudra bien définir ce terme qui ne signifie pas la même chose pour tous.

[d] Elle considère tout en tant qu'objet qui se mesure dans des coordonnées spatio-temporelles. Elle évacue toute notion de conscience ou de métaphysique.

La psyché n'est pas formée de particules : elle est information énergétique et *oscillation quantique.* Et pourtant elle existe. Elle n'est soumise ni au temps ni à l'espace. Donc, pour notre recherche, nous mettrons la science physicaliste de côté, car elle ne nous est pas utile. Nous l'utiliserons seulement pour voir l'impact du monde de « derrière » sur notre partie visible. Notre corps physique et son cerveau sont en lien avec la totalité. Eux sont analysables.

Ce sera tâche aisée. La physique quantique a déjà ouvert une fenêtre sur un monde non analysable, qui n'est soumis ni au temps ni à l'espace. Selon le physicien quantique David Bohm, protégé d'Einstein, il est soumis à un *ordre* dans un tout. Ainsi sont ses quanta.

Cette nouvelle approche nous incitera, je l'espère, à pratiquer consciemment une hygiène qui sera également émotionnelle, environnementale sociale, mentale et spirituelle. Nous ne le ferons pas parce que d'un coup de baguette magique nous deviendrons vertueux. Nous évoluerons parce que nous pourrons enfin quitter le monde douillet et lucratif du déni : « tout va bien ». Nous aurons compris pourquoi notre civilisation périclite ; nous verrons ses incohérences flagrantes et l'océan de détresse silencieuse que celles-ci génèrent. Nous trouverons enfin l'harmonie entre notre vie matérielle et notre vie intérieure. Cette connaissance est celle qui permet le mieux d'expliquer qui nous sommes, pourquoi nous sommes comme nous sommes et où nous allons. Cette approche peut rendre compte de phénomènes inexplicables autrement. Je l'ai développée au cours de ma vie, et nommée *Pansystémologie*[a]. Elle considère que l'humain évolue à l'intérieur du système autorégulé (systémologie) de la Nature. Celui-ci s'étend sur tous les étages de notre être (physique, émotionnel, spirituel, mental et social), car nous sommes un écho et partie prenante de l'ordre suivi par la Nature entière (pan). Ce modèle est en nous comme un compas si nous voulons bien y prêter attention. Nous lui devons

---

[a] Le terme « pân », tiré du grec ancien, signifie « Tout ».Il est suivi du mot systémologie : la science des systèmes. La Pansystémologie est la science —dans le sens de connaissance— et son application du système sous-jacent au monde naturel. Celui-ci se confirme par les connaissances récoltées sur le cerveau.

notre existence[a]. Le développement ultime de l'humain sera de percevoir, ressentir, et exprimer la Nature dans *toutes* ses dimensions. Ainsi va la vraie vie.

Je ne l'ai pas inventé. Des civilisations anciennes comme celles de l'Inde, de la Chine, de l'Égypte et plusieurs autres ont autrefois frissonné à cette intuition profonde[b] qui leur a permis de croître et surtout de durer. Elles ont développé, qui un système, qui une médecine, qui une mythologie et qui un art. Elles positionnaient la Nature, cette expression du « divin[c] » et ses nobles Humains au centre, il y a de cela déjà plusieurs milliers d'années. Elles considéraient, avec raison[12], qu'en tant que microcosme, nous sommes à l'image d'un système et d'une réalité plus vaste. Ce qui est nouveau c'est d'en prendre conscience et de l'appuyer des découvertes et observations faites en

---

[a] Voir les titres (français et anglais) d'Ariane PAGE.

[b] Par opposition à une intuition réactionnelle liée à des schémas sociaux ou associée à des notions de temps et d'espace.

[c] Traditionnellement, le divin était au-dessus de la nature alors qu'en fait le microcosme naturel et humain est l'expression du macrocosme qui comporte l'essence de ce qui est en dehors du temps et de l'espace (le divin).

science neurologique, quantique, psychologique, mythologique, en systémologie et nantis de l'expérience du vécu humain. Je m'y suis appliquée afin de retrouver la clef du Paradis.

De nombreux chercheurs, scientifiques sérieux et éclairés dans plusieurs domaines telles la neuroscience, la physique quantique, la psychologie et autres considèrent que notre avenir nécessite maintenant le courage d'une telle nouvelle approche de la Réalité. Cette connaissance, alliée à une nouvelle manière d'agir et de percevoir, devra utiliser d'autres moyens de figurations et surtout, un paradigme plus vaste.

Ce pèlerinage de vie à la recherche de nous-mêmes, nous devons tous individuellement l'entreprendre. Il se doit en grande partie autodidacte car pour l'instant les universités ne peuvent nous aider à connaître notre « qui » profond, notre individualité. Et pour cause ; notre vie intérieure, à cause de la nature de la psyché, ne fonctionne pas sur le même paradigme[a] que celui soutenu par les universités et leurs sciences physicalistes. La vie se découvre; elle ne peut être analysée. Le philosophe allemand Edmund Husserl (1859 — 1938) nommait cet outil de connaissance « épochè » : d'abord *suspendre le jugement* et ensuite s'immerger dans notre être intérieur afin de connaître. Descartes utilisait cette méthode.

Ainsi, ce ne sont pas mes études au Québec, en France, ou ma poursuite d'une maîtrise en psychologie en Grande-Bretagne qui m'ont permis de mettre de la cohérence entre toutes les notions reçues et mon vécu. Je considère que c'est plutôt une vision globale et ressentie de l'expérience humaine et de la Nature qui s'est clarifiée par mon approche autodidacte de la pensée jungienne, de l'étude du cerveau, de la philosophie, de certaines mythologies et de l'étude de la science des systèmes, plus particulièrement du système taoïste tel qu'il était enseigné à l'Académie

---

[a] Paradigme : une représentation de la réalité et du monde en un modèle inconscient souvent acquis de façon épigénétique.

Médicale d'Acupuncture de Paris. Tout cela a été réuni dans mon esprit et mon cœur par ce qui, pour moi, était une évidence : notre aspect physique et son expérience immédiate ne sont qu'une petite partie de « qui » nous sommes. Les contingences de ma vie ont aidé, d'une certaine manière. De notre fratrie de cinq, deux étaient handicapés[a] : mon frère, l'ainé de la famille et une sœur née deux ans avant moi. Je suis la cadette. Ces circonstances ont aussi ajouté à mon isolement au sein de la famille.

Notre psyché dans son ensemble n'est pas que le résultat des élucubrations de nos cellules. Au contraire, elle doit se limiter une vie durant à la petitesse d'un corps physique, tel un génie de sa bouteille[b].

La science physicaliste nous a imposé un point de vue qui ne tient pas à l'observation : les cellules

---

[a] Les spécialistes n'ont pu expliquer leur cas.

[b] Expérience véridique extracorporelle alors que l'hémisphère dominant devient le droit (juste avant de mourir ou après une syncope). Voir Chapitre 3 et *Irreducible Mind* de Kelly et coll. P.394-97 n24.

créent le mental[a]. La vérité est que chaque minute de chaque jour, notre corps réagit physiquement, change littéralement, en réponse aux pensées qui traversent notre esprit et à celles qui traversent l'esprit de ceux qui nous entourent. Nos neurones peuvent ainsi reformuler leur ADN[13]. Il existe donc des éléments formateurs antérieurs aux gènes. L'explication scientifique serait que la psyché influence ceux-ci « grâce essentiellement à des "étiquettes" dites épigénétiques qui se fixent sur ou autour de l'ADN[14] ». Or, l'effet de la psyché est immédiat. En Pansystémologie, nous tenons plutôt compte des caractéristiques antégénétique (antérieur aux gènes) qui relèvent du système ou du modèle du Tout auquel, nous dit la physique quantique bohmienne, sont soumis les quanta.

En accord avec ce système du Tout, ma perception de la Réalité et les recherches sur le cerveau, notre cerveau (encéphale) possède deux hémisphères corticaux et plusieurs structures afin d'appréhender la

---

[a] Voir l'ouvrage monumental *Irreducible Mind.* ou la vidéo https://www.youtube.com/watch?v=fOFGKhvWQ4M.

réalité dans ses dimensions physique *et* psychique. Mentalement, ceci s'exprime en deux façons de voir et de percevoir la réalité[a]. Nous fonctionnons avec deux paradigmes ; celui de l'Évidence est imbriqué à l'intérieur de celui de la Réalité comme des poupées russes.

> *« L'inconscient est le cercle le plus grand qui inclut en lui le cercle le plus petit du conscient ; tout ce qui est conscient a sa phase préliminaire dans l'inconscient, alors que l'inconscient peut s'arrêter à cette phase et pas encore réclamer la pleine valeur comme activité psychique.*[15] *»– Sigmund Freud –*

Le paradigme lié à nos structures psychiques inconscientes, plutôt associé à l'hémisphère cortical droit, englobe et précède fonctionnellement[16] et de façon non consciente celui lié au monde physique[b]

---

[a] Les 2 hémisphères possèdent des fonctions différentes et par ceci chacun exprime et est sensible à un paradigme différent. Voir les vidéos de la neuroanatomiste Jill BOLTE TAYLOR. Aussi, les asymétries cérébrales liées au sexe sont courantes chez tous les mammifères, on ne peut le nier. En ligne https://larc-neurosciences.univ-rouen.fr/Upload/pdf/cerveaugenres.pdf.

[b] De nombreux chercheurs ont découvert que le cerveau fonctionne selon un double procédé ; un conscient, l'autre non.

externe. Notre hémisphère cortical gauche procède de façon analytique, linéaire, consciente et verbale alors que le droit procède plutôt de manière inconsciente, associative, sensitive, imagée, intuitive[17] et globale [a]dans le sens qu'il s'intéresse à la cohérence. Il ne faut pas confondre son intuition avec celle qui provient des réflexes sociaux, éducatifs ou instinctuels plutôt liés aux structures limbiques (de type mammalien) qui influencent l'hémisphère gauche et certaines structures plus archaïques. Ainsi, la créativité d'un artiste intuitif ou celle d'un scientifique ne feront pas nécessairement appel au même paradigme ni aux mêmes structures corticales[18]. Chaque hémisphère cortical possède des fonctions différentes afin de répondre aux besoins de notre corps, de notre psyché (émotions, idées, concepts) et de nos sens. Au cours de processus cognitifs complexes, ils communiquent, en général davantage chez la femme que chez l'homme.

---

[a] Le syndrome d'héminégligence est beaucoup plus fréquent et plus sévère en cas d'atteinte hémisphérique droite. Marsel MESULAM de l'Université de Harvard a proposé que l'hémisphère droit possède une vision globale de la réalité gauche et droite.

Chacun fonctionne guidé et soumis à une façon de voir le monde. Nous ne créons pas ces paradigmes, ils sont associés au tissu fondamental de notre réalité incarné au sein de la Réalité.

Le besoin de survivre et la marche de l'évolution humaine ont favorisé le développement de nos lobes préfrontaux et surtout de leur outil d'analyse. Le paradigme qui nous permet d'interagir et de manipuler le monde physique a ainsi pris toute la place. Il n'est pas le plus fondamental ni le plus intelligent, cependant il vise à assurer notre survie, ce qui n'est certes pas à dédaigner. Il s'intéresse surtout à l'interface[a], au visible de la réalité, dans sa partie qui se mesure, se met en équation et se catégorise. Il cause et se dit conscient. Il est le paradigme de l'Évidence. Il provient de la nécessité de mettre en forme l'oscillation de la Réalité aidée par nos sens et par notre hémisphère

---

[a] Définition du Larousse : « Plan ou surface de discontinuité formant une frontière commune à deux domaines aux propriétés différentes et unis par des rapports d'échanges et d'interaction réciproques. Limite commune à deux systèmes, permettant des échanges entre ceux-ci. » Le monde que l'on voit est une interface entre nous et la réalité.

gauche. En effet, nous savons à présent que tout ce que nous considérons comme état solide n'est en fait que forces reconstruites et interprétées par notre cerveau à l'intérieur d'un immense amas d'oscillations. C'est une petite partie de la Réalité ; celle qu'on peut percevoir consciemment. Plusieurs scientifiques, [19] dont Donald Hoffman, ont illustré ce sujet de façon diserte. Hoffman suggère ainsi que ce que nous voyons de la réalité est en fait « une interface » avec laquelle nous communiquons et échangeons. Nous sommes comme un symbole de votre bureau d'ordinateur (desktop) sur lequel vous cliquez pour accéder à un logiciel. Cette interface ne révèle rien des circuits qui sont « derrière ». Cela est à la fois vrai et faux. Vrai, en ce qui a trait à nos perceptions de l'apparence des choses, mais faux en ce qui concerne la Réalité dont le modèle et les informations se retrouvent dans cette interface visible qu'est notre corps et dans notre psyché. Ainsi, je suis, tout comme vous, un fractal de la Réalité. Aussi, un robot ne remplacera jamais une interface vivante. On ne réussira pas à faire un « hacking », un piratage d'une conscience provenant de derrière l'interface pour l'assimiler à un robot, car celui-ci ne sera jamais un microcosme à l'image complète du macrocosme[a]. Il lui manquera toujours ce qui ne peut être soumis au temps, et à l'espace. Ce quelque chose donc, aucune puissance sur terre ne peut le manipuler ou l'utiliser puisqu'il ne s'analyse pas.

L'interface sert de point euclidien pour se connaître soi-même. Si rien n'existait d'autre que moi et la Réalité telle qu'elle est, je n'aurais pas conscience de moi-même. Un œil ne peut se regarder lui-même. Je serais une conscience qui est, mais qui n'est pas réflexive. Ceci explique pourquoi nous avons besoin des autres humains pour développer adéquatement notre propre cerveau.

La réalité « derrière » n'implique pas que l'on doive traiter l'interface avec nonchalance ou dédain comme cela s'est vu dans certaines religions. Au contraire, cette interface, image du tout, peut nous renseigner sur la Réalité qui se cache derrière et donc

---

[a] C'est là le vieux rêve utopique d'une science incomplète qui croit pouvoir arriver au Tout par l'addition des parties comme s'il s'agissait d'objets sans vie.

sur notre identité profonde. Grâce à ces interfaces, nous pouvons communiquer avec les autres et avec la Réalité entière.

Particulièrement depuis le début du XVIIIe siècle, et presque mondialement, tous les domaines d'intérêt humain se sont circonscrits au petit paradigme de l'Évidence. Les religieux, les philosophes, les psychologues et même les amoureux peu à peu ont recherché et mis ce paradigme de l'expérience immédiate de l'avant. Et pour cause, puisqu'on croyait que c'était là le seul ; qu'en dehors de celui-ci l'homme succombait à des forces occultes, à l'obscurantisme, la superstition, la crédulité et à l'imbécilité. Nous présumons que loin de l'enceinte sécuritaire de ce paradigme, l'humain redevient l'être non « civilisé » et « bête » des cavernes. Or, la psychanalyse jungienne démontre l'inverse. Aussi Carl Gustav Jung nous a-t-il mis en garde contre une croyance infantile en la toute-puissance de la volonté humaine. Il a sonné l'alarme contre l'utilisation abusive et constante de l'intellect analytique et manipulateur pour des fins matérielles au détriment d'une sagesse même minimale née de l'introspection. Quelque part, les forces de cohérence[20] de notre psyché s'échappent alors des oubliettes où nous croyions les avoir enfermées et reviennent nous hanter dans notre être conscient. Ceci, avance-t-il, [21] mène à des manifestations spontanées de l'inconscient (en fait du subconscient) sous forme d'idées obsessionnelles, de paniques, de peurs ou d'actes répréhensibles. L'humain devient névrosé alors qu'il suivait religieusement le paradigme de l'Évidence qui lui apparaissait si sécuritaire. À force de se limiter ainsi, il en a perdu sa cohérence et son essence. Sa psyché l'en avertit afin de tenter de sauver son lien avec « qui » il est vraiment, avec la Réalité dans sa totalité et avec le Paradis vers lequel il doit marcher non seulement pour évoluer et survivre, mais aussi pour vivre et croître.

Ce que nous vivons à l'heure actuelle en lien avec la Covid en est un exemple. De son vivant, Jung craignait ce genre de délire paranoïaque collectif, alimenté par une peur irraisonnée de mourir[a]. Cette psychose nous incite fortement à accepter des mesures au détriment de notre vie psychique, collective, familiale et même économique.

Cette prise d'importance de l'outil d'analyse était une étape nécessaire que nous devons maintenant dépasser[b]. Nous croyons, insistons et on nous répète sans cesse que notre aspect conscient, celui qui cause, est seul à détenir les clefs du savoir, du pouvoir, de la vérité et que le surhomme de demain ainsi que la richesse, donc le bonheur, y résident. Il n'en est rien. Il n'est rien sans l'observateur silencieux en nous qui s'exprime aussi de notre corps et de la loge de droite de notre boîte crânienne. Il est le seul qui puisse nous gouverner et nous mener à bon port.

Bien sûr, l'industrialisation et l'essor de la technologie dans tous les domaines ont donné raison au paradigme de l'Évidence. Nous avons même créé des gouvernements adaptés et circonscrits par cet outil. Et si à long terme, là n'était pas l'ultime victoire ? Si

---

[a] Apanage de ceux qui sont circonscrits au paradigme de l'Évidence.
[b] Voir chapitre 3, section conscience.

nous ne faisions pas erreur, le monde serait déjà le merveilleux jardin promis par le paradigme de l'Évidence où bonheur, santé, fraternité et liberté coulent à flots. Ni la Nature ni nous-mêmes ne serions dans cet état.

Toute la société incluant ses religions, son identité, sa philosophie, ses monarchies ainsi que son art a été passée par le filtre de l'entonnoir de la vision analytique et peu à peu a perdu sa quintessence. Nous avons jeté aux oubliettes de notre esprit ces institutions et le paradigme qu'elles ne servaient plus : celui de la Réalité.

Malheureusement, ou heureusement, l'humain a des besoins fondamentaux qui ainsi ne sont pas pris en compte et auxquels personne ne peut plus répondre. Ce n'est pas un hasard si psychiatres, psychologues et médecins ne suffisent pas à la demande. Les gens ont tellement soif de ce paradigme de la Réalité qu'ils vont même jusqu'à boire le sable des mirages de notre culture industrielle. Pire, ils ferment les yeux aux débordements destructeurs de celle-ci.

Le coup de grâce a été porté par la masse des propagandistes[a] du XXe siècle. Ce dont les gens avaient désespérément besoin, le monde de la Réalité, a été entièrement occulté. On l'a remplacé par un rêve de l'Évidence, le même qu'il soit américain ou autre. Ce n'était en fait que de la manipulation appuyée sur les données de la psychanalyse freudienne pour enrichir une minorité de la population ou en porter d'autres au pouvoir. La masse infinie a suivi, et suit, comme un troupeau de moutons dociles qu'on dirige vers un enclos entouré de fils barbelés électriques, de naissance à trépas. Tous les médias, publicistes et gouvernements ont vécu sur le modèle d'Edward Bernays, ce double neveu de Freud. Son modèle de « *l'ingénierie du consentement* » est en fait une invention de manipulation des foules et de l'opinion publique par laquelle le désir de consommer ne doit jamais être satisfait et par laquelle la population doit croire qu'elle sait la vérité et, donc, vote pour le bien. Ceci a permis

[a] Ce terme dont Edward Bernays réclame la paternité a été judicieusement camouflé sous l'inoffensif terme de « relations publiques ».

d'accélérer l'industrialisation, mais en conséquence a transformé le système économique en machine et lui a asservi tous les humains. De plus, c'était là vraiment une porte ouverte à l'institutionnalisation du « fake news » à la grandeur de la planète. Ce modèle est la base de notre économie de marché. Sans éthique universelle pour fondations, il ne peut que générer un mécontentement continuel et infini, opposer des gens qui ne devraient pas l'être, accuser ou en dénigrer d'autres qui devraient être suivis, mener à des guerres qui ne devraient pas exister.

Ce mauvais calcul du XXe siècle de l'Évidence n'a jamais été montré du doigt ni attaqué. Pourquoi ? Parce que ses détenteurs nourrissent les failles de ceux qui vivent, victimes ou volontaires, limités au monde de l'Évidence. Il ne faut pas s'imaginer que cela change, c'est tout le contraire. Nous sommes arrivés à la partie la plus noire et glauque de cet entonnoir de la pensée analytique. Il y a là un mur, où nous serons de plus en plus confrontés par la pandémie de problèmes psychiques et la dégradation de la nature. C'est l'heure de la dernière chance. Les scientifiques de pointe sentent le besoin, mais l'incapacité d'aller plus loin que la science physicaliste. Pourtant, même les avancées en intelligence artificielle requièrent une approche différente de la psyché humaine. Avec notre développement analytique, nous en avons maintenant les moyens, mais ceux-ci ont été détournés et mis dans les mains de personnes limitées au monde de l'Évidence qui s'en frotte et s'en lavent les mains depuis des décennies.

Nous devons prendre du recul et renouer avec une vision plus globale ; nous devons récupérer le paradigme englobant de la Réalité. Lui seul peut nous permettre de retrouver les morceaux épars de notre être et de les rassembler en un tout cohérent. Lui seul peut nous permettre de retrouver notre dignité humaine qui n'a besoin que d'une communauté aimante et de la générosité de la Nature. Lui seul sait comment nous délivrer de la boîte mentale dans laquelle on nous a enfermés *sans* notre consentement.[a] En dehors de

---

[a] J'éviterai d'énoncer ce que vous pouvez facilement trouver ailleurs, je n'indiquerai que les références.

celle-ci, c'est la vie qui coule à flots, c'est la seule liberté, et c'est l'Amour inconditionnel.

2
OÙ EN SOMMES-NOUS ?

Si le mot Santé conjure en vous l'image d'un médecin paré de son stéthoscope ou celle d'un hôpital aseptisé, ce n'est pas par hasard. C'est que la santé est devenue chasse gardée d'une *industrie de la maladie* qui, nous le voyons avec la Covid, dicte à présent notre vie, notre façon de penser[a] et d'interagir. Elle nous divise en créant deux classes sociales : les vaccinés et les non-vaccinés, ces Intouchables. Cette industrie a transformé le monde en un hôpital à ciel ouvert. De plus, les compagnies qui vendent les vaccins sont immunes de toutes poursuites judiciaires ultérieures si à long terme certains provoquaient des effets indésirables. Donc les citoyens n'auraient aucun recours si en conséquence leur vie basculait. Qui les

---

[a] Le discours semble être devenu : pas de vaccination ? Plus de protection et plus de vie sociale pour toi.

aidera ? Ils seront balayés du revers de la main : « Rien ne le prouve », ou alors : « des victimes nécessaires pour sauver la majorité ». Vraiment ? On ne peut persister dans notre naïveté ; qui dit industrie, [a] dit pouvoir financier, business et courbe de profits[22]. En tant que secteur financièrement important et dit scientifique, il possède une grande influence sur nos gouvernements. Parce que le terme de pandémie a été accepté, ceux-ci n'ont plus à protéger nos libertés individuelles. Nous vivons en état de guerre.

Les experts nous montrent des « courbes qu'il faut aplatir », mais personne ne semble s'occuper de la courbe exponentielle des problèmes humains auxquels nous devrons faire face lorsque le calme espéré reviendra. Est-ce une phase de déni ? C'est le silence.

Pourtant certaines mesures permettraient aux citoyens d'exercer leur liberté fondamentale tout en protégeant les autres. Pourquoi ne pas développer des tests simples ou permettre des autotests simples

---

[a] Dans *Isis Code* (p.31), je mentionne un exemple auquel on pouvait alors accéder en ligne : les prédictions des retours d'investissements en fonction des maladies.

(salivaires) répétés ? Ne serait-ce que d'en profiter aussi pour enseigner à tous une hygiène protectrice du système immunitaire. Mais même cela est censuré. On ne peut demander à ces experts des solutions psychologiques, une évaluation juste des enjeux ou une vision globale des souffrances engendrées, car ce n'est pas leur mandat. Leurs outils pour contrôler les maladies sont recherches, technologies, tests, produits pharmaceutiques et lobbies. D'influencer les gouvernements permet de générer une plus grande accumulation d'argent, ce qui est le mandat de n'importe quelle compagnie. Ce n'est pas la promotion d'une cohérence physico-psychosociale, ce n'est pas une promotion de la santé. Ce n'est pas le mandat clair de nos gouvernements non plus.

L'industrie médicale est de plus en plus en conflit d'intérêts[a] avec nous le « patient », car elle s'est

---

[a] En 2018, les États-Unis ont dépensé 345 milliards de dollars en médicaments sur ordonnance. Les chiffres déclarés au public indiquent aussi que l'industrie pharmaceutique a enregistré 4,7 milliards de dollars — une moyenne de 233 millions de dollars par année — en dépenses de **lobbying** direct du gouvernement, soit plus que toute autre industrie.

développée et prospère[23] grâce aux maladies. Notre gentillesse nous porte à croire que ce n'est pas un business avant tout parce que les aidants sont sincères.

Tout comme la religion dans sa dégénérescence avant elle, cette industrie profite de la peur, mais aussi de la déresponsabilisation de l'individu non pas face à sa vie spirituelle (tout bonnement éradiquée par la vision scientifique), mais face à sa santé. Les médecins eux-mêmes sont tenus de ne pas déroger au protocole pharmaceutique[a]. Pas le temps d'éduquer les patients pendant les rendez-vous non plus. Beaucoup ne sont plus que de simples prescripteurs obligés, spécialisés et pressés, remplaçables bientôt (qui sait) par un ordinateur qui sera programmé comme eux.

---

[a] Ainsi, en France et au Canada (et probablement ailleurs, est-ce un hasard ?), l'Ordre des médecins et chirurgiens et/ou les gouvernements annoncent leur intention d'apporter des changements radicaux à leur politique de « médecine complémentaire et alternative ». Adoptée, la nouvelle politique empêchera les médecins de fournir confortablement les traitements naturels que de nombreux patients appréciaient. Il sera plus difficile pour ces médecins de pratiquer sans craindre d'être injustement discipliné.

De leur côté, grâce à de la propagande contre tout ce qui n'appartient pas à cette industrie, les patients ont de moins en moins de choix de traitements et de capacité de s'aider eux-mêmes. Je vis depuis toujours au fait de ce milieu; un frère et une sœur handicapés, une mère infirmière zélée et un conjoint médecin généraliste.

Un enfant a de la fièvre ; les parents paniquent et l'emmènent sitôt à l'hôpital. À qui cela profite-t-il ? Une éducation de base en santé est une première condition à la liberté, à l'égalité et à la fraternité.

Il est faux de dire qu'une injection[a] ou la prise de médicament sont des actes anodins[24] que l'on doit accepter en fermant les yeux, sans broncher, ni

---

[a] Je ne suis pas « anti-vaccin ». Cependant, je suis pour une vaccination adaptée à chaque individu et à ses *antécédents*, une vaccination intelligente, responsable, à visage découvert sur des gens informés. Pour établir la confiance, on doit s'assurer de répertorier automatiquement *toutes* les plaintes et en faciliter l'accès. Un total de 14,2 % de tous les rapports soumis au VAERS (É.-U.) (Sans compter les utilisateurs à qui on rétorque que « ce n'est certainement pas dû au vaccin ») décrivent des effets secondaires mortels. Les effets chroniques sont tout aussi inquiétants.

interroger, comme s'il s'agissait d'une communion en opinant, « merci beaucoup, amen ». Nous avons un droit et devoir fondamental, c'est celui de refuser qu'on nous impose ce que nous rejetons. La santé est, tout comme la spiritualité et la santé psychique la *responsabilité* et le *droit* de chacun. Encore faudrait-il permettre aux individus un minimum de liberté et de connaissances à leurs sujets.

La Santé[a] n'est pas que physique, loin de là. Elle peut même exister alors que le corps se meurt. Elle est, avant tout, une cohérence de nature physique, émotionnelle, mentale, sociale/environnementale[b], et spirituelle. Elle ne peut être la propriété d'une industrie qui en profiterait. Son absence résulte d'une déficience ou malnutrition d'un des corps correspondants à ces cinq étages de l'être humain ou alors d'une perte de cohésion de l'ensemble. Voilà ce qui *en premier* met notre immunité physique en péril. Ceux qui craignent

---

[a] Je mets ici une lettre majuscule, car la Santé est une somme qui est plus que l'addition de la santé physique + la santé psychologique.

[b] Un corps et psychisme sains dans un environnement sain.

le vaccin, dont beaucoup de femmes enceintes, doivent être écoutés et aidés plutôt que montré du doigt. Une solution doit leur être offerte.

« Il serait possible de décrire tout scientifiquement, mais cela n'aurait aucun sens. Ce serait sans signification, comme si vous décriviez une symphonie de Beethoven en termes de variations de pression[25]. »—Albert Einstein

---

Notre société a adopté la seule perception d'une réalité limitée à un monde quantifiable. De ce fait, elle néglige, souvent méprise, ou tout simplement ignore les éléments non mesurables qui nous permettraient la Santé. Tels sont par exemple l'amour pour la Nature, les émotions sensibles, les idéaux, les échanges profonds et la beauté objective[a]. C'est aussi l'hygiène sur *tous* les plans, l'ordre, une foi intuitive, une alimentation biologique pour tous, la quête de sens,

---

[a] Les recherches démontrent qu'il existe une beauté subjective et une beauté objective. Chacune active des structures différentes du cerveau. C. Di Dio, E. Macaluso, and G. Rizzolatti, 'The Golden Beauty: Brain Response to Classical and Renaissance Sculptures,' *Plos One* 2, no. 11 (2007): e1201, doi:10.1371/journal.pone.0001201.

l'amour véritable et surtout la liberté d'exprimer notre unicité individuelle profonde. Tout cela ne fait pas partie du mandat de sa science ni de celui de nos gouvernements puisque cela ne sert pas d'intérêts commerciaux. Alors qui s'en occupe ? *Personne.*

Voilà la porte ouverte à toutes les ignorances et aux dérives et abus par des gens sans scrupules, qu'ils soient reconnus ou non par les autorités gouvernementales.

Par l'éducation, nous apprenons de plus en plus tôt à nous conformer pour nous conforter. C'est d'ailleurs une tendance naturelle chez les humains puisque nous avons un besoin vital de résonnance et d'appréciation. C'est ce qui nous permet de nous sentir vivre et de nous développer. Nous devenons par la force des choses des *serfs obligés et dociles* d'un système économique et financier artificiel et privé, trop souvent contraire à nos besoins fondamentaux. Ce système dicte tout. Notre identité et éducation se limitent de plus en plus à une « culture » de masse, identique d'un bout à l'autre de la planète. On croirait que certains intérêts sans rapport direct les uns avec les autres se plaisent à nous transformer en objets interchangeables. Nous devenons des êtres neutres. L'être humain valorisé par les médias est de plus en plus indéfini. C'est un être dénué de racines, de passé, de race, de langue. Il ne se réclame d'aucun genre, pays, famille, terre, ou religion. Ses gouts et ses besoins, identiques, sont limités et dictés, profit pécuniaire oblige, par sa nature la plus fruste. Son essentiel est utilitaire. De cette façon, on évacue la beauté éternelle[a] et tout l'indispensable qui ne se mesure pas.

L'individualité, [b] à l'inverse de ce qui intéresse le protocole scientifique est cette part *unique au monde, non reproductible* de tout être. Elle est forcément mise à mal par le regard scientifique. Adoptant les valeurs commercialisables qui uniformisent par le bas,

---

[a] Il s'agit non pas d'une forme première, mais d'une essence.

[b] L'étape de l'évolution humaine dans laquelle nous cheminons confine cette part de notre psyché à l'inconscient. Pour Jung c'est le Soi. Le souverain, c'est le symbole en nous de la personnalité et de l'individualité. Aussi la rhétorique est-elle l'instrument de la personnalité alors que la philosophie de type platonicienne avec son instrument dialectique est, dans son essence, celui de l'individualité. L'ensemble âme et essence dans sa partie subtile associée à la psyché. Par extension, la Conscience individuelle.

l'humanité de plus en plus ressemble à un champ plat et monotone à deux dimensions qui s'étend à l'infini. Il n'y poussera plus bientôt qu'une seule sorte de plante, mélange de toutes celles qui existent, une monoculture monolithique créée artificiellement par les intérêts financiers, médias et institutions « modernes » qu'ils font vivre. Une culture de capitaux et de consommation. C'en sera terminé de la diversité des cultures qui sont essentielles pour changer d'air. Une culture monolithique ne saurait nourrir toutes les facettes de l'humain.

Cette humanité ne connaîtra bientôt plus d'autre fonction que celle de plier l'échine pour payer les dettes des gouvernements et générations précédentes, et celle de servir des actionnaires sans visage en se nourrissant d'une terre de plus en plus aride et stérile. La pauvreté est déjà devenue misérable puisque ni la Nature dans son corps physique ni le tissu social ne peuvent plus alléger celle-ci.

Est-ce un complot des méchants contre les gentils ? Non. C'est la somme de nos actions personnelles qui sont circonscrits par un mode de pensée, celui du paradigme de l'Évidence. En fait, notre cerveau continue d'évoluer, mais les structures sociales, gouvernementales et éducatives instaurées par la phase précédente nous empêchent maintenant d'avancer. Dans leur forme présente, elles nous nuisent.

Le chemin vers notre propre individualité est invisible. Nous doutons aisément de son existence même. On l'aperçoit parfois au détour d'un événement tragique qui nous a conduits aux portes de la mort. Notre individualité peut aussi naître d'un amour profond, du regard des autres, de la musique et des chants, des exercices de respiration, d'une quête spirituelle ou de toute autre circonstance qui nous plonge au cœur du paradigme fondamental de la Réalité et de la gouvernance de notre hémisphère droit. Un changement de paradigme est cependant le moyen le plus sûr de pérenniser cette capacité.

Je n'ai compris la source de mon mal de vivre que graduellement. J'y suis arrivé en répondant d'abord à la question : qui suis-je. Par ma quête spirituelle, j'ai questionné cet observateur en moi qui ne varie pas malgré l'accumulation des années et des événements, cet aspect de moi unique au monde et vraiment libre et beau qui vit constamment en paix. Des recherches récentes en psychologie[26] ont démontré que ce noyau invariable est un ressenti *universel*. Ce n'est pas l'aspect de nous qui parle constamment dans notre tête. Je crois que c'est plutôt ce que certaines religions ont nommé « âme » et qui en fait est notre individualité unique associée surtout à notre hémisphère droit et qui utilise les deux hémisphères et tout notre corps pour s'exprimer. J'ai appris à sentir et à écouter cet observateur, ce maître de notre cœur. *Il sait des choses que notre conscient cherche à ne pas voir. Il voit et sent la Réalité dans son ensemble et dans sa vérité.*

Dit simplement, notre monde mental se construit sur deux paradigmes représentés respectivement par chaque hémisphère cortical. Le droit suit le paradigme de la Réalité. Il voit les choses globalement, il aime la synthèse, les émotions, les sens et les oscillations. Il vit dans un océan d'énergie d'éternité dans lequel tout est lié. Il nous permet de penser en images. Si on le compare inadéquatement à un ordinateur, il fonctionne plutôt comme un processeur en parallèle. Il exprime notre individualité. Le nouveau-né jusqu'à environ deux ans vit dans ce Paradis-là. Après nous quittons doucement sa berge magnétique et inconsciente bien que ce soit l'hémisphère le plus fondamental de « qui » nous sommes. Nous accostons peu à peu l'hémisphère gauche qui suit le paradigme de l'Évidence. Lui s'intéresse aux détails qu'il catégorise avec une logique linéaire implacable, il aime accumuler l'information. Son but est de contrôler le monde manifesté. Il relie tout au passé et projette le tout dans le futur afin de déterminer l'action la plus profitable. Il définit les bornes de tout, incluant celles de notre corps. Il exprime notre personnalité. Il est conscient. Il moule le masque de notre personnalité en fonction des circonstances de notre vie dans le but d'augmenter nos chances de survie. Si on le compare à un ordinateur, c'est un processeur en série. Il parle constamment et nous permet de penser en langage.

Soyons clairs, ces deux berges ne vont pas l'une sans l'autre ; elles se complètent, c'est la vie sur terre qui y coule. Lorsque nous sommes sains, leur activité se synchronise, comme observée sous EEG[27] et par l'analyse de cohérence cardiaque. Seulement, nos habitudes mentales, nos conditions de vie et nos structures sociales favorisent l'une davantage et créent ainsi des déséquilibres que le système de consommation s'empresse d'exploiter.

Ce sont deux mondes différents qui, par exemple, ne voient pas l'amour de la même manière. Pour le monde de l'Évidence, l'amour est conditionnel sinon il est faiblesse. Pour le monde de la Réalité, seul l'amour inconditionnel existe. L'autre, ce n'est pas de l'amour. Chacun de ces paradigmes a une perception différente de ce qu'est la beauté, la force, l'intelligence, la vérité et même la richesse.

Le paradigme de la Réalité représenté dans la tradition symbolique par un cercle guide et régule notre monde intérieur et son *individualité* alors que le paradigme de l'Évidence, représenté par un carré, dirige notre *personnalité*[a] analytique consciente et nos

---

[a] La **personnalité** est un complexe psychique associée à notre corps et à notre psyché consciente. Nous la construisons pour survivre,

actions. Ce dernier est cependant soumis à notre lien avec le paradigme de la Réalité et son Paradis. Comme nous le verrons, [a]le dessin de Léonard de Vinci *l'Homme de Vitruve* illustre bien ce propos. Sans lien conceptuel entre les deux, nous sommes automatiquement limités et enfermés dans la boîte du paradigme de l'Évidence puisqu'il est lié au monde physique. Notre corps, lui, fonctionne avec les *deux* paradigmes. C'est celui de la Réalité qui lui donne sa *résilience.*

Psychologiquement, la personnalité est guidée par le paradigme de l'Évidence. Elle souhaite tout contrôler et être considérée comme l'Un, tandis que l'individualité ne souhaite qu'une chose : se fondre dans l'Un. C'est la signification de l'inscription sur une des tapisseries de la Dame à la Licorne :
« À mon Seul Désir ».

---

pouvoir faire face aux échanges avec notre environnement et en réaction aux expériences vécues. Elle porte et exprime les schémas de notre civilisation associés à la culture, à l'époque, aux valeurs sociales, ainsi que les marques épigénétiques familiales et environnementales.

[a] Chapitre 3

Notre conscient, lié au paradigme de l'Évidence, est tributaire et *inclus* dans la Réalité, pas à part. Il se met à part. C'est ainsi que notre centre n'est plus celui du Tout. Nous vivons une forme de dissociation, loin d'une vie optimale. Tous nos étages (physique, émotif, spirituel, mental et social) s'expriment ainsi de façon incohérente et souvent contradictoire. Notre illusion présente est de croire que nous sommes, en quelque sorte, indépendants de la Réalité du Tout et de vivre en croyant que nous pouvons la contrôler. Un peu comme l'enfant qui se couvre les yeux et dit : « tu ne peux plus me voir ». La science quantique démontre que c'est une illusion puisque lorsque les quanta se réalisent, ils adoptent une fonction en rapport avec les besoins du Tout et non d'une volonté qui leur serait propre. Ils se soumettent aux conditions du tout, à ses lois diraient d'aucuns. Ils servent le Paradis et son modèle premier. Depuis quelques centaines d'années, nous avons limité notre vie et nos structures sociales au paradigme de l'Évidence que nous avons en quelque sorte divinisé.

Nous avons relégué celui de la Réalité aux oubliettes ensemble avec les beaux sentiments, les mythologies, la spiritualité, notre lien ineffable avec la Nature et ses créatures, l'amour véritable et tout ce qui ne se mesure pas. Ce faisant, nous nous sommes perdus parce que notre centre n'est plus là où il devrait être : au centre de la Réalité. Nous sommes en porte à faux avec le Tout et avec notre individualité. Voilà pourquoi tout s'écroule. Nous devons connaître notre individualité et son inconscient parce qu'il est plus conscient de la Réalité et est davantage nous-même que ne l'est notre conscient quotidien de la personnalité.

« À mon Seul Désir » (p.83)
Paris — Musée de Cluny —

3
NOTRE SCIENCE FACE À ELLE-MÊME

« Ceux qui ne sont pas choqués lorsqu'ils découvrent la théorie quantique ne peuvent pas l'avoir comprise. »
– Niels Bohr, Essais 1932-1957

Par le paradigme limité auquel nous souscrivons, nous avons dévalorisé et désacralisé la Nature, ainsi que notre nature profonde, ce qui a permis à une multitude d'exploiter celles-ci sans remords ni compensations[a].

De plus, enfants de ce paradigme de type saint-simonien[28], nous nions ou ne tenons pas compte de la perte croissante de résilience de tout ce qui vit. Pourtant, l'écosystème naturel est bien *le seul* qui puisse nous maintenir en vie.

---

[a] Le « racisme » qui est de tout groupe utilisait le même stratagème.

La science moderne petit à petit, de plus en plus et sans bien s'en rendre compte, a de plus en plus limité son point de vue à sa propre réflexion dans un miroir qu'elle a elle-même construit. Le problème est qu'elle en a artificiellement fixé les bornes en ligne avec son rejet progressif et systématique de tout ce qui se rapproche du paradigme de la Réalité. Dans le contexte actuel des « industries-scientifiques[a] », ni la Nature sensible, ni notre individualité n'ont de place dans ce miroir.

Léonard de Vinci a dit :

« Celui qui s'oriente sur l'étoile ne se retourne pas »

Grâce à la physique quantique, la science rejoint l'étoile, le paradigme de la Réalité. Nous y sommes. Nous pouvons ignorer, mais ne pourrons plus refermer cette fenêtre-là, donc il est préférable de comprendre le monde sur lequel elle s'ouvre et d'en informer ceux qui traînent encore les pieds.

---

[a] Une science détournée pour les seuls gains financiers.

Un chercheur situe sa recherche à l'intérieur du sacrosaint miroir, sous peine d'excommunication et de perte de subvention. Mais à présent, ce sont des spécialistes qui se font museler ou lapider sur la place publique par leurs confrères parce qu'ils osent interroger la façon d'agir des puissants du miroir[29]. Pourtant ils sont dévoués à servir des gens comme vous et moi. Les communautés de certaines sciences, tout comme les religions auparavant, n'acceptent pas gentiment les points de vue singuliers. Un symptôme de ceci est la réaction particulièrement émotionnelle et agressive de certains « scientifiques » vis-à-vis de ceux qui possèdent un point de vue qui ne s'accorde pas aux limites du miroir. Souvent, ils ne cherchent même pas à comprendre. Ils se moquent (leur arme ultime) et nient ou simplement ignorent les résultats sur le terrain qui ne leur conviennent pas. De plus, ils oublient rapidement leurs erreurs passées[a]. C'est une réaction de protection de schémas mentaux par l'hémisphère

---

[a] Je pense à tous ces scientifiques qui ont été détruits par la convention alors qu'ils avaient raison. Ignaz Semmelweis père de l'asepsie est un exemple parmi tant d'autres.

gauche et par les structures les plus anciennes du cerveau[a]. Ce n'est pas une réaction qui permet une plus grande connaissance. Nous stagnons. L'amour de la connaissance permet de faire circuler les idées et suscite de nombreuses discussions. Ces échanges permettent alors de nouvelles perspectives et conduiraient par la force des choses à une vision essentiellement globale et unifiée. Cette connaissance-là permettra qu'un jour individu, politicien, artiste, scientifique, spiritualiste et gens de la Nature *ne s'opposent plus, se comprennent* et *se respectent,* car ils s'insèreront dans une Réalité beaucoup plus vaste. Ils œuvreront dans une direction unique, celle de l'optimisation du « H » majuscule de l'humain.

Nous y arrivons à cette connaissance, mais nous pourrions hâter le pas en éliminant les frontières mentales dues à notre confusion de paradigme et à notre ignorance. Nous avons besoin d'adhérer à un modèle commun; celui de la Nature. Ceci nous permettra entre autres de comprendre ce qui nous

---

[a] Celles-ci sont modulaires et binaires : bon/mauvais.

distingue réellement des animaux[a] et ainsi de voir le but de notre évolution. Alors nous verrons l'étoile et pourrons nous orienter sur le compas intérieur, le modèle de la Réalité, que nous possédons tous sans le savoir.

Tout comme c'était le cas pour celui des religions, l'esprit présent de la science est dogmatique. Lui aussi se présente comme l'être universel, un parangon de vertu, il croit détenir l'image complète de la réalité et être le seul dépositaire de la vérité. Nos enseignants nous le présentent à tort comme étant détenteur d'objectivité. Or, les études sur le cerveau démontrent que l'objectivité pure *n'existe pas*[b]. Celui qui observe et détermine les modalités d'une recherche et les points d'intérêts de la conclusion par exemple est

---

[a] Le behaviorisme, très répandu, ne s'occupe que de la partie que nous avons en commun avec nos frères animaux. Voir chapitre 3.

[b] L'objectivité pure n'existe pas. Notre analyse mentale est soumise à nos émotions et est influencée par nos schémas émotionnels et sociaux. Sur ce sujet, voir les travaux du neuroscientifique Antonio Damasio. Avec le paradigme de l'Évidence, permettez-vous un certain scepticisme quant aux résultats à cause d'une possibilité de biais quelque part. Il y en a toujours. Je ne crois que ce qui provient du paradigme de la Réalité.

soumis à un paradigme, à ses choix, ses émotions, ses intérêts personnels et aux connaissances actuelles. Il est toujours un être subjectif, tant que la vie coule dans son sang.

« L'imagination est plus importante que la connaissance. Car la connaissance est limitée à tout ce que nous savons et comprenons maintenant, tandis que l'imagination embrasse le monde entier, et tout ce qu'il y aura à connaître et à comprendre. » —Albert Einstein

---

Albert Einstein respectait l'intuition profonde et la psyché. Alors qu'il dinait régulièrement chez Jung, il l'implorait de trouver un moyen d'insérer la psychologie, donc le monde de la psyché dans les formules se rapportant au continuum espace-temps. Même si Jung a collaboré avec Wolfgang Pauli, un des plus grands physiciens quantiques, leur recherche demeura vaine, même s'ils pressentaient le paradigme de la Réalité. J'en parlerai au cinquième chapitre. Leur échec est normal puisque la psyché n'est soumise ni au temps ni à l'espace. Elle ne peut donc entrer entièrement dans les formules limitées par le paradigme de l'Évidence puisque celui-ci n'est qu'une *petite partie à l'intérieur* du paradigme de la Réalité. La psyché est le tissu du paradigme de la Réalité confronté à l'espace et au temps.

En accord avec une fonction que la psychologie pourrait développer, les analyses du cerveau laissent parfois les neurologues perplexes. Ils sollicitent alors les psychologues pour leur expliquer ce que tout cela peut bien *signifier*. Comment interpréter ces signaux neuronaux de façon juste ? Ceci explique entre autres, pourquoi ces études génèrent des conclusions trop souvent contradictoires[a]. La psychologie, tout comme les autres sciences, en mettant de côté le paradigme de la Réalité, donc sans modèle, tend à négliger tout ce qui ne se mesure pas, et ce n'est pas rien ! À commencer par la plasticité du cerveau[b]. D'utiliser le paradigme de l'Évidence seul, tel qu'exigé par notre science, nous

---

[a] Pour donner une image, lorsque des structures « s'allument » ensemble au IRMf, on tend à dire que telle structure régule telle autre donc qu'elles sont en affinité fonctionnelle. Pas nécessairement. La police régule les voleurs. Elle ne fait pas partie des voleurs.

[b] Toute oscillation au sein du cerveau le modifie.

mène à la situation présente. L'équilibre de notre vie a basculé d'un coup. Et voici le fruit de cette attitude, que nous voyons maintenant multiplié à l'échelle mondiale[30] : une Université d'Amiens, en France, devant la demande amplifiée d'aide psychologique de ses 32 000 étudiants a décidé de leur fournir un questionnaire[31]. Le chiffre catastrophique de 75 % de détresse psychologique les a poussés à recompter. Leur seule solution devant cet océan de détresse est d'ajouter de l'aide psychologique. Je ne crois pas que cela suffira.

Au sein de la science elle-même, un schisme se creuse maintenant et de plus en plus entre les chercheurs qui utilisent les deux paradigmes et ceux restreints au vieux modèle de l'Évidence.

« Ce que nous devons faire en regard des grandes sagesses du passé, autant celle de l'Est que de l'Ouest, est de les assimiler et d'en tirer une nouvelle perception originale pertinente pour notre condition de vie présente[1]. »— David Bohm (physicien quantique)

Louis de Broglie, prix Nobel de physique en 1929 « *pour sa découverte de la nature ondulatoire des électrons* » (1892 – 1987), tout comme Albert Einstein cherchait à obtenir une mécanique quantique moins probabiliste que celle que nous avons à l'heure actuelle. Pour Einstein, de Broglie et son collaborateur David Bohm, le monde que nous voyons est ordonné. Bohm proposa une voie médiane[a] entre le déterminisme absolu et le hasard fondamental. Il développa ainsi une forme particulière d'idéalisme.[32] En fait, Bohm était préoccupé par le développement d'un compte rendu ontologique des processus quantiques. Pour lui, la réalité *quotidienne*, celle de l'interface, peut se calculer en particules et peut se mesurer effectivement en coordonnées de temps et espace. Il répondait ainsi à l'exigence de la science qui est celle d'agir sur la base de ce qui a déjà été trouvé. Mais il rend aussi compte d'une réalité qui échappe à ces calculs tout en rendant compte

---

[a] Traduction : « Maintenant, avec mon nouveau point de vue, je peux voir une manière infiniment meilleure de sortir du piège du déterminisme mécaniste ; notamment à travers le concept d'un nombre illimité de niveaux causaux. »(Bohm à Miriam Yervick, 1952, dans Talbot [Éd.], 2017, p. 235)

d'observations mises de côté jusqu'à présent. Par son ordre super implicite et implicite, il suggérait clairement que celles-là demandent d'utiliser un autre paradigme et un modèle qu'il n'avait pas. Cela ne veut nullement dire —comme cela a été suggéré afin de le mettre de côté— que Bohm ne croyait pas en un monisme fondamental. En 2005, la perception que « la matière est la base de la réalité et tout ce qui existe se mesure en coordonnées de temps et d'espace » a définitivement été mise de côté, du moins en physique quantique théorique. Les autres sciences doivent encore accepter cette découverte et appliquer ce que cela implique comme vision du monde.

David Bohm (1917 – 1992) était, effectivement, un physicien théoricien des plus importants du XXe siècle. Il a reformulé la mécanique quantique. Pour ce faire, comme plusieurs qui ont contribué à l'avancement de la science, il a dû accepter son *intuition profonde*[a], gage du paradigme de la Réalité. Il a osé sortir du miroir anthropocentrique de la

---

[a] Ce n'est pas la même chose qu'une intuition réactive issue des schémas sociaux.

science, pour tenter de voir derrière celui-ci. Pour oser cela, il faut être un vrai chercheur de la vérité, passionné par la connaissance plus que par la reconnaissance. Il faut avoir senti l'étoile. Comme d'autres lumières avant lui, il a dû accepter les réactions émotives désobligeantes de ses confrères ainsi que leur rejet. La physique quantique utilise pourtant les formules mises de l'avant par Bohm. Cependant, le paradigme qui est à leur origine est mis de côté parce que jugé « non vérifiable ». En effet, il est situé en dehors de ce qui se mesure, en dehors de l'analysable[a]. Ceci ne nous empêche pas de le prendre en hypothèse et de voir où cela nous mène. Seules les formules importent, réplique-t-on, car elles « marchent ». Le reste, on le met de côté parce que pour les scientifiques de l'Évidence ça *n'existe pas*.

J'en retiens que « la science » ne possède ni les outils ni le mandat pour juger de ce paradigme ou même s'y intéresser. Les scientifiques de l'Évidence n'ont donc

---

[a] Le physicien quantique Niels Bohr a insisté sur le fait que le potentiel quantique des processus sous-jacents n'était pas analysable.

pas à émettre de jugement de valeur sur le monde du paradigme de la Réalité. Cependant, ce paradigme fait *toute* la différence pour notre équilibre et cohérence mentale ainsi que pour notre Santé et même nos relations à tous. Ce paradigme n'est pas une idée, il est *la* Réalité.

Donc l'utilisation d'un modèle et d'images, et non les mathématiques devient l'outil nécessaire, le seul pour comprendre ce paradigme qui fonctionne et se traduit en images dans notre cerveau.

Le paradigme et modèle suggéré par Bohm peut reproduire toutes les prédictions d'une théorie quantique des champs qui soit en harmonie avec la relativité. Il est irréfutable. Un des premiers à oser la différence parmi ceux de l'Évidence, il a pensé la réalité en ce qu'elle est, et non pas telle que perçue par notre cerveau.

Au lieu de voir des éléments séparés, donc traduit par ce cerveau humain et son paradigme de l'Évidence sur des coordonnées de temps et d'espace, il a senti et calculé une vaste oscillation de forces, d'énergie, d'information où *tout* est lié[a]. Voilà comme par hasard le point de vue de notre hémisphère droit et du paradigme de la Réalité.

Si une lésion de votre hémisphère gauche survenait et que vous deviez ne fonctionner qu'avec le droit, c'est ainsi que vous percevriez le monde[33]: une immense vague oscillatoire dans laquelle tout est lié, sans frontières. Jill Bolte Taylor, une neuroanatomiste spécialiste du cerveau a décrit son expérience d'accident vasculaire cérébral alors qu'elle a perdu l'utilisation de son hémisphère gauche[34]. Son témoignage est en accord avec les recherches les plus pointues et avec les connaissances en psychologie. Maintenant, elles le sont aussi avec une vision scientifique de la Réalité.

Le contact avec notre hémisphère droit et la psyché est si essentiel pour notre cohérence que dans notre société, certains doivent utiliser des drogues comme le DMT pour y arriver artificiellement[35]. Il est dommage de devoir utiliser le plancher de sa maison

---

[a] Le Tout n'est pas composé d'éléments statiques auxquels on ajouterait des conditions de dynamisme, mais comme un processus dynamique global interconnecté, un flux.

pour se chauffer parce qu'on meurt de froid. Jung disait qu'une telle façon de procéder de l'extérieur ne nous renseigne pas sur le chemin intérieur à suivre, bien au contraire.

Bohm a suggéré que puisque l'univers est organisé avec les constantes très précises que nous lui connaissons, il faut un modèle premier, un *ordre* qui dirige les forces et la réalisation des quanta dans un Tout[a]. Ceci, et non pas le chaos et le besoin d'un observateur, explique que les quanta se réalisent en fonction des besoins précis du tout manifesté. Grâce à ce modèle sous-jacent, l'ensemble est alors autorégulé par un ordre premier régissant le nôtre en quelque sorte d'en dehors du temps et de l'espace de nos calculs (ordres implicite et super-implicite).

Notre bon sens se rebiffait vis-à-vis des notions probabilistes et du chaos, et pour cause. Il était ardu de concevoir des particules qui n'existent pas (lire sans

---

[a] Cette vision n'est pas seulement celle de David Bohm, mais d'innombrables auteurs, à commencer par Platon et dans tous les pays, jusqu'en France, Descartes n'en étant pas des moindres.

localisation) tant qu'elles ne sont pas observées[a] par un humain. Albert Einstein, entre autres, s'est vivement opposé à cette idée. Avec la théorie de Bohm, nul besoin de tout cela, car le modèle premier (super implicite) ainsi que les fonctions secondes (implicite) déterminent ce qui est nécessaire dans le temps et l'espace pour reproduire le modèle dans tout son potentiel, ici, sur terre.

Cette idée d'un modèle directeur de fonctions est d'autant plus intéressante que l'on se rend compte de plus en plus que sur le plan physique la génétique n'est pas absolue, loin de là[36]. Diverses options dans notre vie seront définies par nos gènes (nature), par nos expériences de vie (« nurture »). Ils forment ainsi ma *personnalité* qui au cours de ma vie sélectionnera les options qui m'intéressent davantage. À ceux-ci j'ajoute

---

[a]Au lieu des positions et des mouvements clairs de la physique newtonienne, nous avons un nuage de probabilités décrites par une structure mathématique connue sous le nom de fonction d'onde. Elle évolue avec le temps. Son évolution est régie par des règles précises codifiées dans ce qu'on appelle l'équation de Schrödinger. Les mathématiques sont assez claires ; la localisation des particules, pas vraiment. Bohm apporte une explication.

l'aspect antégénétique : par « qui » nous sommes profondément, cette pure conscience (voir chapitre 5), et par la fonction de celle-ci au sein du Tout (individualité et modèle liés à la Réalité). Ils forment mon *individualité*. Ces trois aspects de notre vie déterminent celles qui mouleront notre existence à différents étages de notre être.

Les particularités des quantas avec leur vitesse de 20 fois celle de la lumière nous présentent un monde bien plus vaste et rapide que celui décrit par le miroir de la vieille science positiviste[37].

David Bohm est le seul du monde scientifique, à ma connaissance, qui nous permet de comprendre l'univers dans ses *trois* étages unifiés (modèle/super implicite, fonctions/implicite, structures/explicite). Même ce qui nous apparaît chaotique ici-bas est en fait soumis à un ordre[a] vibratoire[38]. Nous pouvons détruire notre vie au sein de cette dimension du temps et de l'espace, de l'interface, mais le modèle qui régule les

---

[a] « … un mouvement intérieur plus profond et plus étendu crée, maintient et finalement dissout la structure. » L'embryologie en est une preuve époustouflante.

fonctions en l'univers qu'on connaît demeurera pour l'éternité (ordre super implicite).

Ma familiarité avec le système chinois tel qu'interprété et utilisé par l'Académie Médicale française d'Acupuncture, et plus particulièrement par le docteur de Bavelaere, m'a permis de définir de façon plus exacte et pratique le modèle[a] implicite et super implicite. Sans accès à un modèle, la science en est incapable. J'ai ainsi découvert sa projection dans le cerveau. Brièvement, ce modèle implicite serait celui découvert intuitivement par plusieurs civilisations antiques. Il correspond à ce que ces traditions nomment Loi ou Ordre cosmique. Nous en avons un aperçu dans la tradition taoïste (5 éléments), indienne (5 éléments), pythagoricienne (5 éléments), Égyptienne antique (5 noms du pharaon, 5 dieux nés), la Torah (5 livres de Moïse, 5 aspects de *Bereshit)* et plusieurs autres. De grands philosophes tels Platon ont gardé ce paradigme d'une Réalité plus complète. En ce sens, le Professeur Joseph Moreau de

---

[a] Voir les ouvrages d'Ariane Page.

l'université de Bordeaux remarquait-il, dans son étude sur le sens du Platonisme :

« Il y a dans l'Univers un principe d'organisation antérieur à toute genèse et soustrait à toute destruction. La génération et la corruption ne s'effectuent qu'à l'intérieur de l'Univers, et le principe de l'organisation universelle, même s'il est conçu comme immanent à l'Univers et solidaire de sa durée (Platon dans Timée 36e), n'est pas compris en lui comme une partie sujette à naître et à périr[39] ».

L'application heureuse du modèle par la tradition médicale chinoise et la preuve scientifique[40] de l'existence des canaux d'énergie subtile (méridiens) démontrent la véracité générale du modèle.

Si nous simplifions la pensée de David Bohm, il a donc suggéré qu'un ordre super implicite (ou Intelligence) non soumis au temps et à l'espace, antérieur à l'univers dirige la manifestation d'un ordre implicite. À l'image de l'ordre super-implicite, l'implicite n'est pas soumis au temps et à l'espace. C'est un intermédiaire régulateur entre le super implicite et l'explicite que nous connaissons tous. Le monde explicite est celui qui, soumis au temps et à l'espace nous est décrit par notre science physicaliste et nos sens (monde « matériel[a] » ou interface).

Ce modèle est un peu comme un plan qui guidera ceux qui construiront et manifesteront une maison. Ici nous avons affaire à un ordre, guidant des *fonctions* en maîtrise de certaines forces qui manifesteront des structures. Que ces fonctions agissent intimement dans les structures qui ont évolué pour les accueillir, font dire aux porteurs du paradigme de l'Évidence que les structures (la maison) créent les fonctions (le menuisier, le propriétaire, le plâtrier, etc.) et sont la cause du plan. C'est erroné. Par exemple, si une structure du cerveau est trop abimée pour exprimer la fonction qui lui était impartie, la fonction réquisitionnera si possible une structure qui puisse la remplacer. Une structure peut ainsi se retrouver à exprimer une fonction plus vitale.

---

[a] Tout comme Descartes avant lui, David Bohm conçoit la matière comme étant l'étendue géométrique et mathématique et non pas une chose dure, pesante et colorée.

En fait, chaque *fonction* dont l'empreinte fait partie d'un modèle qui est à la fois premier, fondateur et autorégulateur, se revêt de forces (les dieux antiques), de potentiel, pour guider la manifestation. C'est pourquoi les quantas se réalisent en suivant non pas l'aléatoire, mais les besoins du Tout. Ainsi ce monde soumis au temps et à l'espace est autorégulé, par la force des fonctions qui régulent et inhibent, et devient miroir d'un modèle antérieur qui n'est pas limité par la dimension temps/espace. Le modèle vient indirectement habiter cette dimension grâce aux fonctions [a]et par là les structures. Tout ce qui fait partie de l'univers est uni, porte et exprime cet ordre sous-jacent invisible, expression d'un plan antérieur ; c'est le cas pour vous et moi, pour toute la Nature, pour les planètes et les étoiles. C'est pourquoi les textes disent « Vous êtes des dieux[41] ». Le traducteur aurait pu ajouter « potentiellement ». Avec le paradigme de

---

[a] Aussi cet ordre, par exemple dans la mythologie égyptienne antique, se nommait Maât. Il est le support, la base sur laquelle les dieux se manifestaient. Ces dieux pouvaient régir les forces de la Nature, mais n'étaient soumis ni au temps ni à l'espace.

l'Évidence, le Tout n'est que la somme des parties mesurables et de leurs interactions assignées par la génétique [a] pour le vivant, et par les forces pour le reste. Ainsi la réalité n'est que l'ensemble des parties mesurables ; rien d'autre. Voilà une vision phénoménologique surannée extrapolée sur l'ensemble qui a forcément mené à bien des conclusions et contradictions. En exemple :

– Pour savoir si l'âme (ou la psyché) « existe », prenons chaque élément mesurable, visible de l'humain et voyons si elle est dedans. Faux. Conclusion erronée de cette façon de voir : l'âme n'existe pas et la psyché n'est qu'émergence puisque nous ne l'avons pas trouvé.

- « Reconstruisons » l'humain avec ses morceaux identifiables et mesurables et nous aurons un être humain complet. Faux. Conclusion erronée : l'être humain est un animal soumis à ses instincts. Un jour, un automate créé par l'homme le remplacera puisque, croit-on, la psyché naît de connexions nerveuses. Jamais un robot ne pourra remplacer entièrement un

---

[a] Ceci est de moins en moins probable.

être humain, car il lui manquera toujours cet élément d'éternité qui n'est soumis ni au temps ni à l'espace. Jamais il ne pourra représenter le macrocosme, car il ne vient pas du sein de la Nature.

Nous devons refuser cette objectivation. La réalité selon ce paradigme est entièrement dérivée des parties observables, mesurables et de leurs interactions. Nous savons que c'est faux. Voilà à quoi nous avons limité les humains. Des boîtes noires identiques, fermées, mesurées et étiquetées.

En fait, vis-à-vis de tout ce qui se rapporte au paradigme de la Réalité ils ont une opinion préconçue qui n'est pas fondée sur l'expérience réelle ou la raison, puisque celles-ci demandent d'utiliser les *deux* paradigmes[a]. Avec le potentiel quantique[b] et le paradigme de la Réalité par contre, le Tout possède une existence indépendante et préalable telle que l'ordre, le modèle préalable à ce Tout (ordre super-implicite) guide en quelque sorte les activités des parties. Le Tout

---

[a] Voir Descartes ci-après.

[b] Le Q dans les formules de Bohm.

est en potentiel dans l'humain qui porte le modèle entier. Aussi le poète mystique Rumi disait-il :

> *« Vous n'êtes pas une goutte dans l'océan. Vous êtes l'océan tout entier dans une goutte d'eau. »*

Le rejet total du paradigme de la Réalité date du « Siècle des Lumières » ; plus exactement au décès de Louis XIV en 1715. Ce refus s'est étendu comme une tache d'huile jusqu'à une exclusion quasi totale aujourd'hui.

Se pourrait-il que notre insistance sur l'utilisation d'une pensée de type « cartésien » nous ait conduits à des problèmes de compréhension conceptuelle, par exemple, en ce qui a trait au paradigme suggéré par la science quantique et la condition humaine ? Comment Descartes évaluerait-il cet « esprit cartésien » s'il vivait de nos jours ?

> *Cogito ergo sum : « je pense*[a]*, donc je suis »*

---

[a] Ce « penser » est, en réalité, le fruit d'une induction directe intuitive.

À son époque (1596–1650), la science telle qu'on la conçoit n'était, avec raison, qu'une partie de la philosophie. Et ce n'était pas la partie qu'il jugeait la plus fondamentale. Les scientifiques depuis ce temps parlent de « raison », d'esprit cartésien comme fondement de leur méthode d'argumentation linéaire et analytique. Cependant, leur définition n'est *pas* celle de Descartes. Lui concevait la raison en tant que *faculté intuitive* de discernement *accessible par tous* (c'est l'universalisme cartésien ou la « lumière naturelle »). Toute autre connaissance *devait* se déduire de cette connaissance intuitive des premières causes ou premiers principes. Platon et Socrate sur ce sujet pensaient de façon similaire.

Les sceptiques doutent pour protéger leurs petites convictions, alors que Descartes, tout comme Platon d'ailleurs, doutait du sensible (monde matériel[a] brut) et

---

[a] La matière pour Descartes se résume par la géométrie, le reste c'est le monde sensible créé par nos sens. Il a raison, le monde tel on le voit est en fait une construction de notre hémisphère gauche et de nos sens.

non de leur intuition[a] (monde immatériel) afin de découvrir la vérité sur laquelle il basait sa science. Ils cherchaient la source, le modèle, et l'origine. Einstein disait : « *Je veux connaître comment Dieu pense, tout le reste n'est que des détails* ». Aussi pour atteindre la vraie connaissance disait Descartes : « *il faut accroître la lumière naturelle de sa raison* » et « *rechercher les premières causes* ». Le *prérequis* de ceci se situe dans une conception générale particulière, unifiée du monde. Aussi nous donne-t-il l'image de son essentielle conception du monde :

> *« … un arbre dont les racines sont la métaphysique et dont le tronc est la physique. Les branches sont les différentes sciences. »*

Voilà les deux paradigmes réunis : celui de la Réalité et celui de l'Évidence. L'Arbre de Vie contient celui de la Connaissance du bien et du Mal. Cette perception explique pourquoi à sa sortie du collège il renonça au savoir issu de la scolastique pour n'accepter dorénavant

---

[a] Pour Descartes, l'intuition est « *une certitude, et même une certitude plus que morale* ».

que son intuition profonde, son raisonnement[a] et ses expériences, dans cet ordre. Sa méthode s'apparentait davantage à une méditation dirigée. Ce n'est en aucun cas la façon classique quasi inverse dont nous procédons. Après les rêveries de jardins et de châteaux merveilleux de la nuit disait-il, il fermait les yeux, se bouchait les oreilles, et « *considérait son intérieur pour retrouver une certitude intérieure* » (intuition profonde) [42]. Il se liait au compas intérieur qui nous appartient à tous, celui qui provient du paradigme de la Réalité modelé par l'Ordre super implicite et naturellement exprimé par nos cellules.

Du temps de Descartes, douter de la philosophie d'Aristote (géocentrisme et anthropocentrisme) équivalait à douter de l'Église toute puissante, donc de son Dieu, et était pour ainsi dire un crime. C'est pourquoi Descartes concluait : « *pour vivre heureux, vivons caché* ». De ce géocentrisme anthropocentrique,

---

[a] « (...) *de sorte que ce que nous avons ou acquérons de connaissance par le chemin que tient notre raison a premièrement les ténèbres des principes dont il est tiré* »

nous avons conservé l'attitude mentale. Nous n'avons toujours pas mis le soleil au centre. Ce serait d'y mettre la Nature. En fait maintenant, même l'humain n'y est pas au centre. Seule l'économie y est.
Depuis ce « Siècle des Lumières », chacun se targue à tort d'être cartésien, de faire preuve de raison, et d'être ainsi imperméable à la crédulité.

Comme ce fut le lot pour plusieurs grands penseurs, certains prirent ce qui les intéressait de la philosophie de Descartes, ignorant ce qui ne leur souriait pas. Ils en tirèrent les conclusions recherchées et ainsi purent élaborer des systèmes à leur image automatiquement validés par l'époque et le niveau d'évolution du cerveau humain.

En ce sens, Descartes n'était pas cartésien. Il avait senti le double processus de pensée, tel que structuré dans notre cerveau et saurait encore maintenant, si nous l'écoutions *vraiment*, nous mener vers :

« Une science universelle qui puisse élever notre nature à son plus haut degré de perfection[a] ».

C'était d'ailleurs là le titre initial[43] de son *Discours de la Méthode*.

Fort d'une attitude qui somme toute n'a rien à voir avec Descartes, tout ce qui a trait aux oscillations donc au monde géré par notre hémisphère droit se heurte aux mêmes limites et rejets par les scientifiques du miroir.

Du coup, il nous est impossible de progresser davantage et les problèmes liés à la marche de l'évolution — qui, elle, ne peut s'arrêter sans se mettre à reculer — engendrent des situations de plus en plus douloureuses, insurmontables et complexes. Le chat de l'Évidence a complété un tour sur lui-même et maintenant se mord violemment la queue, parce qu'il

[a] Pour Descartes, l'idée de perfection et d'infini ne peut exister dans un être imparfait donc cette perfection et cet infini viennent d'ailleurs.

ne la connaît pas. Pourquoi se voiler les yeux et cacher les faits « inexplicables » en prétextant qu'ils sont « du placebo » ou « anecdotiques » ? Une somme d'éléments anecdotiques n'est pas anecdotique[a].

En fait, l'effet placebo de l'idéologie scientifique contemporaine est si puissant socialement que si une hypothèse n'entre pas dans le cadre de sa convention[b], on crie automatiquement au charlatanisme ou on l'ignore. Aussi, l'unique, le complet et le vrai risquent-ils fort de toujours nous éluder. C'est là le paradoxe du corbeau (the Raven Paradox) décrit par le positiviste repenti Carl Hempel (1905-1997).

Heureusement, la science ne nie pas le fonctionnement du cerveau humain ni la physique quantique. Elle doit donc maintenant embrasser un autre aspect de la Réalité, car cette nature de la réalité qu'elle a mise de côté est ce qui permet, et donc sert,

---

[a] D'ailleurs, Einstein disait que tellement d'éléments inexplicables sont accumulés dans les coins que le courage d'exprimer un nouveau paradigme pour enfin les expliquer devenait inévitable.

[b] Les hommes sont plus réceptifs que les femmes au conventionnel et au social. Donc pour eux ce que leur groupe social accepte aura un effet placebo plus profond.

notre Humanité. Sans elle, l'humain ne peut se développer librement, harmonieusement, et ainsi acquérir la résilience et l'empathie nécessaires vis-à-vis du monde de l'Évidence et des épreuves inévitables liées à une vie confinée à la terre.

Pour ce faire, la science connaît déjà un professeur spécialisé dans l'étude de la Réalité dans son ensemble : notre cerveau. Voyons un peu ce qu'il nous enseigne de plus.

Cette statue en argent figure Horus avec la double couronne. Égypte, 27e dynastie, vers 500 avant notre ère. (Musée national d'art égyptien, Munich, Allemagne). /*Photo par Oussama Shukir Muhammed Amin, Creative Commons.*

Horus, 18e siècle a. J.-C., Musée Royal de Mariemont, Belgique

Résumé

- Un ordre super-implicite en dehors du temps et de l'espace.
- Un ordre implicite qui régit et organise la matière.
- Un cerveau construit pour appréhender ces deux visages de la Réalité : celui intérieur au temps et à l'espace avec son paradigme de l'Évidence et celui incluant l'extérieur du temps et de l'espace et son paradigme de la Réalité

4
CE QUE LE CERVEAU HUMAIN NOUS ENSEIGNE DE PLUS

« Tout ce que nous appelons réel est fait de choses qui ne peuvent pas être considérées comme réelles. »
– Niels Bohr Prix Nobel et Physicien quantique (1885-1962)

La nécessité de mieux cerner les associations fonctionnelles entre différentes structures du cerveau pousse maintenant les chercheurs à étudier les oscillations. La Nature s'est donné beaucoup de mal pour faire collaborer différents réseaux neuronaux grâce à celles-ci. Lorsque vous vous souvenez d'un événement de votre passé, par exemple d'un bon repas partagé en agréable compagnie il y a un mois, de nombreuses régions de votre cerveau s'activent. Leur synchronisation vous permet de vous souvenir des détails de l'événement. Comment ? Nous savons qu'un nerf vague en état de cohérence aide cette mémoire.

Grâce à lui, le contrôle de l'homéostasie se fait de façon inconsciente.

> *« Comme si la nature avait trouvé prudent d'éloigner ses fonctions importantes des caprices d'une volonté imprudente. »*
> *— Claude Bernard*

Cette coordination dépend d'ondes rythmiques de l'activité électrique du cerveau qui sont influencées par le système nerveux autonome et par le cœur [44]. Celles-ci surviennent grâce à une synchronisation d'un grand nombre de neurones. Par exemple, la synchronisation de fréquence gamma entre des ensembles neuronaux, comme démontré au sujet du cortex frontal et du striatum[45], joue un rôle primordial pour l'intégration d'information sensorielle et pour l'apprentissage. Quel est l'élément déclencheur ? Nous savons seulement que ce ne sont pas que des éléments extérieurs, mais aussi notre vie intérieure, notre psyché. Ceci est appuyé par de multiples observations telles que chez les adeptes de la méditation[46] ou par ceux qui peuvent résister à une dépendance[47] ou contrôler leurs oscillations (cardiaques ou neuronales) par biofeedback[48]. Notre psychisme conscient, mais surtout *inconscient* [a] régule, inhibe ou facilite ces ondes cérébrales.

Notre encéphale (cerveau) ainsi que notre corps se sont développés et continuent d'évoluer[49] grâce à nos échanges avec un environnement qui est fondamentalement oscillatoire. Ainsi, nos sens interprètent les différents types d'information provenant de l'environnement. Ceci inclut ceux en provenance de l'éther[b, 50] tel que défini par Einstein[51] (qui porte le nom de QI[c], ou Prana, lorsque décrit par d'autres traditions[52]) ainsi que des êtres vivants. Cet éther aussi mentionné par Platon est un fluide imperceptible par nos outils de mesure, non soumis au temps et à l'espace qui crée, forme et anime l'univers et

---

[a] L'inconscient inclut et dépasse le subconscient.

[b] Monde de la quintessence tel que compris par Platon, Einstein, Dirac, J.P.Vigier, etc....

[c] Ce fluide circule également à l'intérieur du corps, dans des canaux invisibles que l'on nomme méridiens, dans la matrice extracellulaire et très probablement dans le système sanguin et lymphatique. Il baigne toutes les cellules.

toute forme de vie. Ce qui explique pourquoi des chiens présentés à des individus ou à leurs échantillons (sang, sueurs, haleine, urine, etc.) peuvent détecter un cancer avec un taux de 97 % de fiabilité[53]. Malgré leurs multiples analyses, les scientifiques n'ont pas trouvé d'éléments volatils qui puissent expliquer cette faculté[54]. On peut émettre l'hypothèse que nos frères à quatre pattes « sentent » ce fluide ou l'absence de cohérence de cellules.[55] En l'absence de sens spécialisés à recueillir *tous* ces types d'information, nous ne pourrions avoir une idée juste de notre environnement.

Un sens requiert un support physiologique : des récepteurs, régulateurs, et la capacité de métaboliser les informations reçues et de les diriger vers le cerveau. Il agit de concert avec les autres sens. Ensemble, ils nous donnent un sentiment d'exister dans le temps et dans l'espace en tant qu'unité. Ils permettent au cerveau de reconstruire un tout cohérent ou non. Ceci nous situe dans notre corps, dans notre cœur et dans le monde vivant. Ils nous permettent de ressentir, puis de penser, dans le sens de prendre conscience. Plus les sens sont affinés, plus notre être « sait » ce qui se passe sur plusieurs plans. Ils agissent de concert afin de répondre à nos 5 questions fondamentales : quoi et où, quand, comment, pourquoi et qui. Chaque question stimule des structures différentes du cerveau[a].

Nos perceptions nous permettent ainsi d'agir ou de réagir avec plus de précision et d'utilité avec une moindre dépense énergétique. Elles influencent aussi notre perception du monde. Nous référençons automatiquement ces informations reçues avec notre intériorité à la fois physiologique et psychique[b] (consciente, subconsciente et inconsciente) grâce entre autres à un *sens d'intéroception.* Il assure un lien entre notre psyché, notre corps et l'environnement.

Ce sens est lié à notre sensibilité individuelle *unique.* De la même façon que le cortex humain est hétéromodal, c'est-à-dire qu'il reçoit des données de plusieurs zones sensorielles ou multimodales, ce sens met rapidement en relation les données reçues de l'extérieur, celles de l'intérieur avec les traces

---

[a] Voir les ouvrages par Ariane Page

[b] Par exemple, l'espace qui traite l'information olfactive est lié au siège des émotions et à la mémoire.

mnésiques. Cependant, les schémas mentaux, émotionnels et leurs empreintes physiques forment notre personnalité. Ajoutés à « qui » nous sommes dans notre individualité, ils filtrent et interprètent constamment les événements des mondes extérieur et intérieur. En effet, notre nerf vague et la teneur des événements survenus pendant notre prime enfance[56] (incluant la phase prénatale) ont modelé le filtre de nos perceptions. Ils ont tissé la toile de fond de notre vie et lui donnent sa couleur, ses odeurs, son ambiance et sa musique. Tous les événements de notre vie sont perçus à travers ce filtre. D'où l'importance de trouver notre identité profonde ou du moins de se lier au monde de la Réalité qui surpasse les informations inscrites en nous par les aléas de notre vie physique et émotionnelle.

Les expériences vécues pendant la période prénatale et la petite enfance formeront ainsi la scène subconsciente, la musique ambiante de la vie future de cet enfant. Ceci se traduira au travers d'une myélinisation progressive du nerf vague et du précunéus[57] et par le développement des neurones de von Economo[a].

La branche ventrale myélinisée du nerf vague n'existe que chez les mammifères. Chez le nourrisson humain, la myélinisation se poursuit[b] pendant six à huit mois après la naissance. Lorsque le nerf vague dans sa partie ventrale n'est pas myélinisé, comme c'est le cas chez les grands prématurés, c'est l'aspect dorsal, lié au sympathique qui prend la relève. Un système parasympathique sain inhibe le système sympathique. C'est la base de notre santé. Heureusement, les études animales ont démontré une capacité de régénération

---

[a] Les neurones fusiformes, également nommés neurones von Economo, sont plus nombreux chez les humains que chez les autres primates ou mammifères (y compris les baleines et les dauphins). Ces neurones se développent après la naissance, aidés ou entravés par des facteurs environnementaux physiques et psychiques. Nous les trouvons dans le cortex cingulaire antérieur, une autre région du cerveau qui a atteint un haut niveau de spécialisation chez les primates ; et à une densité encore plus élevée dans le cortex insulaire droit ainsi que dans le cortex préfrontal médian et dorsolatéral et davantage dans l'hémisphère droit (30 %). Ces neurones sont impliqués dans des processus cognitifs émotionnels tels que l'empathie et le sentiment de conscience de soi.

[b] … se revêt alors d'une gaine blanche, grasse et réceptive.

remarquable de certaines parties du nerf vague[58]. Outre des structures de l'encéphale comme l'insula[59] qui dispose d'une fonction intégrative, reliant les données affectives aux informations intéroceptives et cognitives, l'organe fondamental du sens *d'intéroception*[60] est donc le nerf vague[a]. Si par exemple vous entendez le son que fait la chute d'un objet, mais que vous voyez l'objet tomber par la suite, vous pouvez alors ressentir un malaise au creux de l'estomac. Voilà le nerf vague qui vous avertit d'un manque de *cohérence* dans votre environnement. Le nerf vague a ainsi une relation *fonctionnelle* étroite avec : l'hémisphère droit de notre cerveau[b], le système parasympathique, notre perception du paradigme de la Réalité, notre individualité et une part importante de notre inconscient[c]. Il exprime notre *colonne vertébrale psychique.* On ne peut évaluer la santé générale de quelqu'un sans connaître la qualité de cette colonne

---

[a] Notons au passage que le nerf vague se projette dans cette insula.

[b] Qui régule cependant par l'insula le système sympathique.

[c] Le subconscient pour sa part agit sur le système sympathique et les structures reptiliennes et limbiques.

psychique qui est surtout afférente par rapport au cerveau. En effet, le nerf vague est composé de 20 % de fibres « efférentes » motrices (envoyant des signaux du cerveau au corps) et de 80 % de fibres « afférentes » sensorielles (transportant des informations du corps au cerveau). Tout comme le cœur, il influence l'activité électrique cérébrale.

Stephen Porges, spécialiste du nerf vague, suggère que le côté droit du cerveau est toujours dominant dans la régulation de la fonction autonomique[61], et par là des émotions[a]. C'est pourquoi un nerf vague peu fonctionnel verra l'activité de l'hémisphère droit s'accroître pour réguler le système sympathique[62]. L'alarme sonne : il y a un manque de cohérence dans le système physique ou psychique.

Le nerf vague droit est associé à des processus impliquant l'expression et la régulation des émotions,

---

[a] Stephen Porges : « *la mesure du tonus cardiaque vagal est physiologiquement liée à la régulation de l'activité autonome par l'hémisphère droit. Cette mesure pourrait indexer la capacité fonctionnelle de l'individu à réguler la fonction autonome et à exprimer des émotions* ».

du mouvement, et de la communication. Comme nous l'avons mentionné, à la naissance, tout comme le précunéus dont nous discuterons un peu plus loin, il poursuit son développement (entre autres sa gaine lipidique permettant plus de rapidité de transmission d'informations) influencé par l'environnement. Aussi les recherches démontrent que le système nerveux dit autonome[a] (et surtout son nerf vague[63]) grâce à son important apport parasympathique nous protège contre un large éventail de maladies physiques et « mentales » lorsqu'il est cohérent. Il exprime notre résilience. Prendre conscience de l'état de la fonctionnalité de notre nerf vague par une lecture de cohérence cardiaque[b] (VFC) est essentiel. Dans notre clinique, c'était là le point de départ pour comprendre l'état physique et psychique du patient.

---

[a] Le système nerveux autonome est la partie du système nerveux responsable des fonctions qui échappent au contrôle volontaire. Il se divise en système sympathique et parasympathique. Le nerf vague est surtout d'ordre parasympathique donc permet notre résilience.

[b] Voir plus loin « *La colonne vertébrale psychique* ».

Plusieurs, croyant que leur normalité est *la* normalité faisaient remarquer que sur ce point ils allaient certainement bien. Ils n'ont jamais connu que leur propre état et ont appris à compenser et fonctionner avec celui-ci. Or, les mesures indiquaient le contraire. Leur système nerveux sympathique était toujours en état d'alerte. Ceci nous permettait alors d'investiguer plus profondément, jusqu'au niveau de la psyché.

Dès la période prénatale, le nerf vague, l'hémisphère droit cortical, le taux de cortisol de la mère entraînent ceux de l'enfant à naître. Le moulin de l'enfant tournera comme celui de la mère, avant et après la naissance. C'est pourquoi l'origine d'un problème chez le nourrisson doit être recherchée aussi du côté maternel. Une activité vagale saine entraîne de meilleures compétences sociales, une meilleure régulation mentale et affective, de meilleures capacités motrices et plus de joie de vivre[64]. Un bébé au nerf vague sain vocalise, est expressif, avec davantage d'intérêt. Pas étonnant que les bébés sains affectent positivement notre humeur, notre propre nerf vague et nous donnent envie de les faire sourire. La première prévention, le premier pas pour éloigner l'humanité de la misère et de la souffrance et la rapprocher du bonheur se trouve là, avant la naissance. C'est l'assise de toute la société.

Voyons à présent quelques leçons supplémentaires que l'encéphale (le cerveau) et le nerf vague nous enseignent.

Les deux régulateurs du cerveau et leur paradigme

Au premier chapitre nous avons vu que le cortex humain possède deux hémisphères. Ils apparaissent totalement séparés sauf pour une structure nommée le corps calleux. Celle-ci régule la communication entre ces deux hémisphères. Sa maturation est complète vers 28 ans.

Pendant les deux à trois premières années de la vie, la personnalité n'est pas encore formée; l'hémisphère droit du cerveau domine. L'enfant est encore au Paradis où tout est lié. Sa conscience réflexive commence à se former vers deux ans en même temps que sa mémoire consciente. Avant, il n'a pas conscience d'avoir atterri. Les études tant neurobiologiques que psychologiques[a] confirment bien que le premier régulateur, inconscient, est lié surtout à des structures de l'hémisphère droit[b] et à la partie médiane, ventrale du cortex préfrontal. Cette dernière est fonctionnellement associée au réseau de mode par défaut qui s'active lorsque nous « ne faisons rien » ou fermons les yeux et plus particulièrement au cortex orbitofrontal ainsi qu'au nerf vague. Daniel J. Siegel, dans son ouvrage *The Mindful Brain* (2007) attribue neuf fonctions à cette partie préfrontale médiane : conscience de soi, équilibre émotionnel, flexibilité de la réponse aux stimuli, communication harmonisée, régulation corporelle, empathie, moralité, intuition et

---

[a] L'idée de deux procédés dont un domine l'autre est acceptée. Les détails liés à ces théories par contre sont complexes. Je simplifie, car j'insère ces théories dans un modèle global. Pour une analyse des théories, voir le livre : Evans, J. S. B. T., & Frankish, K. (Ed.). (2009). *In two minds: Dual processes and beyond.* Oxford University Press. En ligne : https://doi.org/10.1093/acprof:oso/9780199230167.001.0001

[b] Au cortex préfrontal médian droit, lobe pariétal droit, l'orbitofrontal droit et le nerf vague.

modulation de la peur. Qualifié d'heuristique[a], ce régulateur est responsable du FOR (feeling of rightness/ sentiment de justesse) ; il est lié à une intuition fondamentale[b] (celle mentionnée par Descartes) et à notre sens d'intéroception. Il permet une appréciation instantanée de la qualité de l'information reçue et de la réponse adéquate[c] à y apporter[65]. De façon fondamentale *il régule les informations dans tout le système.* Par son implication dans la génération d'une image globale du corps, il est essentiel au sentiment subjectif de soi. Ce premier régulateur[d] est intimement lié à notre vie

---

[a] Un processus mental rapide et intuitif.

[b] Il existe plusieurs types d'intuition. L'intuition fondamentale est liée au paradigme de la Réalité, à l'individualité. C'est celle à laquelle se référait Descartes. Une autre intuition de type automatique est liée à notre personnalité, aux schémas construits pour répondre au monde du paradigme de l'Évidence. Confondre les deux est une erreur.

[c] Voir : « *Principles of Frontal Lobe Function* », édité par Donald T. STUSS et Robert T. KNIGHT et l'article « *The frontal cortex and working with memory* » de Morris MOSCOVITCH et Gordon WINOCUR (2002).

[d] Le cortex préfrontal médian et l'orbitofrontal droits agissent tous deux pour contrer à la procrastination. Le premier, aide à la régulation des émotions alors que le second permet les rapports

psychique. Il est en affinité avec des valeurs du paradigme de la Réalité : synthèse, conscience sociale et de soi, lien avec la Nature, individualité, identité, empathie, mémoire, symbolisme, universalité, ouverture au nouveau, immortalité, cycles et oscillations. Il porte en quelque sorte les géométries archétypales[a] du monde psychique, mémorisées de façon inconsciente et universelle en chacun de nous. Il porte le modèle, le compas.

Les problèmes d'attachement ou relationnels liés à la petite enfance ont un effet déterminant sur sa fonctionnalité et sur la capacité d'accès du conscient (second régulateur) au monde de la Réalité. Il précède la vérification cognitive et consciente du

---

sociaux et le contrôle des émotions. Fait à noter, dans le cas d'enfants doués (QI supérieur à 130) de type laminaire (c'est-à-dire qu'ils contrôlent leurs comportements) leur cerveau montre toujours au scanneur une activité de la région de l'orbitofrontal droit. Ce n'est pas le cas chez les enfants à haut potentiel de type complexe qui malgré une grande créativité présentent des inadaptations et des symptômes de trouble déficitaire de l'attention avec hyperactivité (TDAH).

[a] Les Idées de Platon, le modèle de tout ce qui est.

second régulateur[a] et *est imperméable aux influences d'habitude* de celui-ci[66] entre autres grâce à l'ocytocine[67], cette hormone de la relation. C'est pourquoi nous pouvons nous exclamer : « Je n'ai jamais aimé comme je t'aime ». En effet, tout amour est nouveau et unique.

Il est aussi essentiel dans le traitement initial et successif de ce qui deviendra mémoire. Le cœur lui est réciproquement lié[68]. Des chercheurs ont en effet découvert que le cœur des sujets réagit à des images choquantes trois secondes *avant* leur cerveau[69]. Ceci démontre bien la prédominance silencieuse[b] du nerf vague qui fait partie avec le cœur de l'orchestre du *premier régulateur.*

Le psychologue et philosophe américain William James en 1884[70] notait de façon similaire que face à un danger, les émotions qui submergent notre conscient résultent de réactions physiologiques. Le

---

[a] Lié entre autres au cortex préfrontal dorsolatéral. Le cortex frontal inférieur *droit inhibe* la réponse du cortex préfrontal dorsolatéral gauche.

[b] Car le centre du langage est normalement situé dans l'aire de Wernicke, situé dans l'hémisphère gauche.

subconscient, dans ce cas-ci, et l'inconscient dans le cas du nerf vague sont plus aptes que le conscient à sauver notre vie.

L'hémisphère gauche de notre cerveau pour sa part explique à notre for intérieur conscient et à qui veut bien l'entendre ce que nous pensons ou voulons qu'ils pensent que nous pensons. Il fait partie du *deuxième régulateur* associé au monde physique et au paradigme de l'Évidence. Ce deuxième régulateur, conscient, est lié surtout à des structures de l'hémisphère gauche et aux parties latérales/dorsales du cortex préfrontal. Cette partie de l'hémisphère gauche lorsqu'il joue sans le chef d'orchestre de l'hémisphère droit est un percussionniste qui ne suit pas de partition, il ne fait alors que du bruit, des sons incohérents. Il est capable de rythme, mais pas de mélodie. C'est la basse assourdissante et répétitive des fêtes d'adolescents. Il ne dirige pas notre conduite, mais *suit* le droit[a] de 300 millisecondes. Il est en affinité avec les valeurs de

[a] L'hémisphère droit est responsable de la prise de décision, de la perception ainsi que des émotions.

l'hémisphère gauche d'analyse et de territoire. Il voit et forme des catégories, des conventions et des législations. Il favorise l'action, le pouvoir, le ponctuel, ce qui est présent, matériel et mortel. Il est lié à la personnalité, gage de survie dans le monde physique. Il est le régulateur de notre vie physique et consciente. Il *sélectionne* les informations qui intéressent notre personnalité. En deuxième étape cognitive, il s'appuie sur le premier et agit dans les limites de l'information psychique d'ores et déjà acceptée comme valable par l'individu. Bien qu'il soit le régulateur physique, il dépend de l'accès au premier [71]de nature surtout psychique. Une difficulté d'échange avec le premier régulateur, un manque de synchronisation des deux hémisphères risque de générer un adulte primaire et étroit d'esprit, prompt à utiliser son système sympathique (combat et fuite) plutôt que parasympathique (diplomatie). Cet hémisphère s'intéresse avant tout aux détails sans se soucier des relations entre ceux-ci. Il ne perçoit pas la globalité. Il est plus à l'aise et en contrôle dans la limite du monde tangible ou dans l'analyse et la reproduction de concepts applicables dans le monde physique. Il aime les institutions et leurs lois dans lesquelles il trouve une identité sociale, surtout celles qui lui permettent d'en gravir les échelons (scientifique, militaire, financier, religieux, politique ou autre). Il s'attarde plus volontiers à l'espace (aux structures) qu'au temps (aux fonctions). Il sélectionne l'information *en fonction du lien* qu'il a avec le premier régulateur et le paradigme de celui-ci. Ce double procédé varie en fonction du contexte et du sujet, mais les études démontrent que la partie heuristique, le premier régulateur lié au psychisme, précède, colore et limite la partie analytique consciente. Descartes avait raison dans sa compréhension que l'intuition primordiale est et doit être première dans notre méthode scientifique. C'est ainsi que des polymathes tels Léonard de Vinci procèdent.

Donc, le soi conscient, associé au deuxième régulateur (physique) et à l'hémisphère gauche « pense » dans les limites de son contact avec le premier régulateur, l'hémisphère droit et les informations accumulées dans le subconscient, l'inconscient et la mémoire. Exemple : un concept social qui affirmerait que les corbeaux blancs n'existent pas provoquera un aveuglement chez nous ; un corbeau blanc passant devant nos yeux ne sera pas facilement remarqué puisque la convention dicte à l'hémisphère gauche des catégories que tous les corbeaux sont noirs[a].

« Ce qui nous limite essentiellement et profondément, c'est le paradigme auquel nous adhérons. Plus il est limité au seul monde physique, plus notre psyché et la vérité le sont dans leur expression. »

Les recherches en imagerie par résonance magnétique fonctionnelle (IRMf) indiquent que les Asiatiques, en général, utilisent davantage le premier régulateur comparativement aux Occidentaux[72]. La culture a donc un impact majeur sur notre physiologie et l'ouverture au monde psychique.

En fait, pour appréhender la réalité dans sa *totalité*, nous avons à notre disposition deux hémisphères, tels nos deux oreilles ou nos deux yeux. Chaque

---

[a] Le paradoxe du corbeau (=the Raven Paradox) décrit par Carl Hempel (1905-1997).

hémisphère voit le monde à sa manière. Nous ne pourrions avoir un seul œil qui puisse exprimer toutes les fonctions visuelles, bien que nous puissions très bien vivre avec un seul œil.

Même chose pour nos hémisphères. Pourquoi en avoir deux avec en plus une structure liante qui inhibe ? Parce qu'ils s'intéressent à deux *niveaux* de la Réalité, un surtout tangible[a], l'autre surtout intangible par rapport à ce tangible.

La différence d'angle des yeux nous permet en plus d'appréhender la profondeur du champ visuel en une image 3D. Nous pensons et apprenons plus facilement dans un monde qui est perçu dans ses trois dimensions. Lorsque nous lisons un texte, le cerveau absorbe environ 100 bits par seconde, alors qu'une image tridimensionnelle voit ce chiffre grimper à 1 milliard de bits par seconde.

Si je transpose ceci à la façon dont nous percevons et abordons le monde, pour l'instant nous utilisons surtout un œil, le gauche. Nous voyons bien les détails,

---

[a] Chose accessible par le toucher.

mais nous perdons de vue l'ensemble et sa profondeur. Nous ne sommes pas conscients des incohérences que nous avons créées, de la cacophonie en nous. Comme pour une bande dessinée, tout est plat, à deux dimensions, sans intériorité. Pas étonnant que les bandes dessinées 2D soient à présent si populaires chez les adultes. Les deux hémisphères doivent travailler en harmonie. Le corps calleux, cette structure reliant les deux hémisphères, s'en charge en partie. Les femmes l'utilisent davantage que les hommes. Il a ainsi été démontré récemment qu'à volume égal, le corps calleux des femmes est plus développé[73]. Curieusement, les nouvelles données de recherches indiquent qu'en fait le corps calleux chez l'humain est proportionnellement plus petit[a] et plus inhibiteur[74] qu'avant. La réduction du corps calleux a aussi été observée dans une méta-analyse des recherches concernant la schizophrénie[75].

La plasticité évolutive du cerveau est remarquable[b]. Personnellement j'y vois que plus nous

---

[a] Les recherches démontrent aussi que le corps calleux est environ 17 % plus petit chez les enfants victimes de négligence parentale.

[b] Voir plus loin ***La neuroplasticité et les habitudes.***

sommes soumis au paradigme de l'Évidence et à ses structures répressives qui vivent comme une île isolée, moins nous tendons à utiliser simultanément ou en cohérence nos deux hémisphères du cerveau, peu importe notre genre. On se cantonne et se limite plus facilement à l'hémisphère gauche dominant qui est, de plus, fort sollicité par nos constructions sociales, gouvernementales, et commerciales contemporaines ainsi que par l'appauvrissement de nos environnements naturel et émotionnel.

Malheureusement, on sait que si l'un des hémisphères est lésé dans sa structure ou dans sa fonction, l'autre devient erratique même dans ses spécialités[76]. C'est la même chose pour notre vie mentale, émotionnelle, sociale et spirituelle. Ceci a de profondes répercussions dans notre vie de tous les jours et affectera notre existence future[a].

« Le cerveau est un super système de systèmes », observe le professeur de neuroscience Antonio

---

[a] Voir mes ouvrages et *McGilchrist, Iain (2018). The Master and His Emissary. Yale University Press.*

Damasio. Ce super-système possède donc deux régulateurs, situés dans le lobe préfrontal. Le deuxième s'occupe de la réalité physique et de notre vie de tous les jours, le premier s'intéresse à la cohérence entre les différents éléments de notre vie physique, psychique en harmonie avec la Réalité.

Les mondes subconscient[a] et inconscient affectent ces deux hémisphères et notre perception de façon universelle. Ni les études universitaires ni les tests en double aveugle n'y peuvent rien. Ils ne nous rendent pas plus « objectifs ». Un humain limité au monde tangible est pauvre en concepts et en symboles[b] ; sa perception en œillères est très limitée, modulaire et souvent binaire (bon/mauvais, vrai/faux). Son subconscient le dirige. Malgré lui, il ne voit qu'une partie de la réalité.

---

[a] Je n'élaborerai pas ici les différents types d'inconscience et de subconscience, ce serait trop long pour le sujet qui nous intéresse.

[b] Par symbole, je ne veux pas dire ceux qui appartiennent au langage, à la lecture et au calcul, mais plutôt des images archétypales fonctionnelles universelles.

Le modèle de la Nature que j'ai nommé LIFE[a] montre que les deux régulateurs en tant que fractals de fonctions des deux paradigmes se retrouvent jusqu'au sein de la cellule. Le premier régulateur, du point de vue cellulaire, c'est l'ARN messager qui décode l'ADN pour synthétiser des protéines et exprimer ou réprimer différents gènes. L'ARN est phylogénétiquement antérieur à l'ADN. C'est donc un ***régulateur de l'information*** *physique ou psychique, et ce,* dans tout le système. Il est très sensible aux facteurs épigénétiques. Plusieurs maladies illustrent bien ce fait. Nous en avons un exemple clair à travers l'état dépressif nommé marasme. Cette maladie a été d'abord reconnue comme une dépression liée à l'abandon de la pratique de l'allaitement. Je crois que la part psychologique est effectivement la plus importante. Le marasme et maladie de Kwashiorkor résultent du

---

[a] Voir mes autres ouvrages. « **L**ois **I**nhérentes aux cinq (**F**ive) **É**léments.

syndrome de l'éléphanteau, [a]ajouté à de la malnutrition.

Le deuxième régulateur du point de vue cellulaire sera le réticulum endoplasmique et le cytoplasme *qui supportent l'énergie nutritive*, c'est le *régulateur physique* et ***sélecteur d'information*** de tout le système.

Le cerveau humain fonctionne avec ces deux points de vue, mais selon l'âge, le genre, les expériences vécues et les choix, un type d'outil s'accaparera l'énergie du système davantage que l'autre.

Sans ces deux paradigmes œuvrant ensemble, nous demeurerons esclaves de nos instincts, bien que nous pensions mordre à la vie à pleines dents. Nous ne sommes alors en fait que singes en beaux habits, hamsters fébriles obsédés par leur roue, coquilles vides et parasites de la Nature. Des victimes du passé, de nos schémas et de nos perceptions très limitées.

L'Évolution du cerveau : où nous mène-t-elle ?

---

[a] Voir chapitre 5

Je ne me prétends pas spécialiste du cerveau bien que je l'ai étudié pendant plusieurs années. Les chercheurs peuvent difficilement savoir comment serait un cerveau optimal puisqu'il leur manque un modèle de référence. Ils ne connaissent le cerveau que par déduction à partir de corrélations liées aux lésions, et de leur interprétation des technologies d'imagerie. Cependant, une activation d'IRMf peut être autant due à une activation qu'à une inhibition[a].

« Le taoïsme formule, comme vous le savez, des principes psychologiques d'un intérêt universel. Ce dont l'homme occidental a besoin, c'est d'avoir réellement l'expérience de faits[77]. » Jung.

Voici ma particularité : outre le fait que je consulte les innombrables recherches, j'utilise le modèle millénaire de la médecine chinoise, interprété par notre science occidentale moderne. Son application efficace a été observée, entre autres, pendant plus de quarante

[a] Voir tous les problèmes d'interprétation liés à ces technologies dans *Homme Femme Un Nouveau Regard I.*

ans dans le domaine de la santé à notre clinique. Même dans la projection encore incomplète sur le cerveau humain, il me permet d'avancer des prédictions tant physiques que psychologiques. L'idéal serait que des chercheurs s'intéressent et prennent en compte le modèle LIFE.

Le neuroscientifique cognitif Elkhonon Goldberg est connu pour ses travaux sur la spécialisation hémisphérique et pour sa théorie de la « nouveauté-routine ». Son modèle évolutif[78] empirique du cerveau, de l'arrière vers l'avant, du bas vers le haut, s'accorde bien avec le modèle du LIFE[a] que j'utilise et nous permets ainsi d'appréhender le tableau futur de l'évolution du cerveau humain. Celle-ci est, hypothétiquement, graduelle et forme une spirale continue qui semble favoriser le lobe pariétal et son précunéus, [79] cette partie située sur la surface médiale supérieure de chaque hémisphère cérébral. C'est une

---

[a] Acronyme du modèle, provenant de « Law Inherent to the Five Elements », du nom anglais du système chinois utilisé en acupuncture.

structure essentielle de l'activité oscillatoire. Elle coordonne les interactions de plusieurs structures, ceci conduisant à la mémoire[80]. Récemment, cette structure peu étudiée, car sa position dissimulée la protège des lésions,[a] semble centrale à un vaste éventail de tâches hautement intégrées. Au repos, elle est impliquée dans le réseau des corrélats neuronaux de la conscience de soi, engagée lors de représentations mentales liées à soi-même. Elle régit donc la conscience de soi, mène à une représentation de soi-même et à *l'individuation.*

Selon les chercheurs, le précunéus serait aussi responsable de notre sentiment de bonheur[81], surtout dans sa partie droite. Il possède le taux métabolique au repos *le plus élevé de toutes les structures cérébrales*[b]. Donc pour l'objectif de la Nature, il importe beaucoup. Sans nous surprendre, lorsqu'on stimule le nerf vague, la connectivité fonctionnelle entre les structures du

---

[a] Dénotant ainsi son importance.

[b] Il consomme 35 % plus de glucose que toute autre zone du cortex cérébral chez l'homme (Gusnard et Raichle, 2001)

réseau du mode par défaut (MPD) dont le précunéus et l'orbitofrontal droit font partie augmente.

Le neuroscientifique V.S. Ramachandran suggère que ces structures nouvellement développées durant l'hominisation[a], ont la capacité de transformer les informations des aires sensorielles en « méta représentations ». Ceci donnerait lieu au sentiment d'un soi qui ressent les qualia[b].

Si nous poursuivons l'oscillation évolutive du cerveau amorcée par Paul MacLean[82], appuyée par le modèle évolutif de Goldberg, la structure pariétale avec son précunéus semble être la clef de voûte de l'évolution humaine.

En accord avec ceci, plusieurs figurations d'ancienne Égypte représentent l'être humain évolué avec une

---

[a] L'hémisphère droit du cerveau, à cause de son implication dans la génération d'une image globale du corps, est fondamental pour ce sentiment subjectif du soi. C'est une structure clef de l'individualité.

[b] Quale, au singulier. Perceptions, effets subjectifs ressentis et associés de manière spécifique aux états mentaux. Ceci inclut les émotions diverses ainsi que les sensations corporelles et l'ambiance psychique qui est personnelle à chacun. Antonio Damasio, L'Autre moi-même — Les nouvelles cartes du cerveau, de la conscience et des émotions, Chapitre 10, Odile Jacob, 2010.

excroissance à ce niveau. Le dieu Horus, celui qui évoque l'aspect le plus spirituel auquel l'être humain puisse aspirer, est souvent représenté sous les traits d'un faucon couronné d'une expansion du lobe pariétal. Voir l'illustration en début de chapitre.

De par le monde, diverses pratiques avaient et ont encore pour objet de physiquement modifier la forme du crâne[83]. Le front comprimé et le crâne présentant des éminences pariétales proéminentes étaient, dans de nombreuses cultures, le signe d'un sang noble et du plus haut type de beauté. La marche naturelle de l'évolution humaine nous mène d'un monde senti dans lequel nous vivions sans grande conscience réflexive à un monde analysé que nous regardons maintenant de l'extérieur comme un objet. Nous vivons de façon virtuelle.

La prochaine étape sera d'utiliser une nouvelle perception de la Réalité : connaître et exprimer cellulairement l'ordre qui a permis et régule l'interface. L'ordre qui a fait jaillir la vie sur terre, cet invisible non soumis au temps et à l'espace, nous devons le faire chair. C'est ainsi que les humains deviendront

Humains. Les sens ont permis l'élaboration du cortex cérébral. L'évolution humaine optimale ne saurait se réaliser sans eux.

Léonard de Vinci et l'homme de Vitruve

La condition de cohérence des deux paradigmes en nous est un prérequis pour que les deux régulateurs du cerveau puissent exprimer l'*être rationnel*. La sculpture bien connue de Moïse par Michel-Ange[a], avec ses deux cornes, une par régulateur, illustre bien ce propos. La corne principale jaillie de l'hémisphère droit dans son aspect mi-frontal (paradigme de la Réalité). L'autre, la gauche, est plus petite et orientée non vers l'avant, mais plutôt vers le côté et arrière (paradigme de l'Évidence et structure dorso-latérale). Hasard ? L'intuition d'un grand maître[b] comme Michel Ange suit le symbolisme du premier régulateur grâce au FOR (feeling of

---

[a] Celle de la tombe du Pape Julius II, San Pietro à Rome, Italie.

[b] Ou de sages, comme ceux en Chine qui ont senti les méridiens d'acupuncture alors que notre science n'a su prouver leur existence hors de tout doute que récemment. C'est 4000 années d'avance sur notre méthode dite « rationnelle ».

rightness/ sentiment de justesse). Le modèle est en nous tous, tel un compas.

Certains ont tenté d'attribuer ces cornes à une erreur de traduction des textes sacrés par Jérôme ; mais elles auraient alors été similaires l'une à l'autre. Les cornes étaient un signe de divinité dans la tradition égyptienne dont Moïse était issu. Par contre, cette mauvaise traduction a peut-être donné la permission tacite à Michel-Ange de sculpter les cornes divines comme il les sentait sans pour autant transformer son Moïse en démon hérétique. Le Moïse de Michel Ange n'est pas le seul exemple en art, loin de là. Attardons-nous un peu. C'est l'une des profondes vérités exprimées de maintes façons par Léonard de Vinci. (Voir illustration p. 167)

Conséquence de la longue Inquisition, l'art a été la forme d'expression choisie pour exprimer certaines vérités censurées par le pouvoir. Ainsi, les similitudes symboliques entre certains grands maîtres de l'art ne sont pas surprenantes. Ils voyaient la Nature comme un produit de l'intellect divin (dans le sens de la psyché et du modèle de la Nature) et l'art en était l'imitation. Ce type d'art, exprimant la beauté objective, exprimait une cohérence. La statue de Moïse de Michel-Ange, dont j'ai donné l'exemple plus tôt, porte le nombre d'or et exprime une vérité complète. Tel est aussi le message exprimé par le croquis de l'Homme de Vitruve. Il est bien vrai qu'une image vaut mille mots; encore faut-il avoir les outils pour savoir l'interpréter correctement.

Léonard de Vinci savait, ou avait l'intuition que l'humain évolué devait intégrer et exprimer deux paradigmes. Il a particulièrement bien montré son idée de l'Humain *complet* ici. Aussi Carl Jung disait de l'homo Totus[a] qu'il doit succéder à l'homo sapiens. C'est ainsi qu'il obtiendra la clef du Paradis. De façon similaire, Léonard de Vinci disait de cet Humain de Vitruve qu'il représente une cosmographie du microcosme.

---

[a] Jung (Carl Gustav) : « *L'homo totus est un archétype du Soi, le commencement et la fin du processus de la psyché, un exercice platonique de la mémoire totale, et une réconciliation finale qui rétablit la complétude première qui pré existe à la conscience de l'égo humain.* » Ma traduction. Encyclopedia of Psychology and Religion, Homo Totus (Définition par Kathryn Madden) 2014, Springer US, pp. 831–832.

Si, comme le montre le croquis, nous positionnons cet homme *seulement* dans le carré, symbole de la pensée linéaire et analytique, du monde physique et du *paradigme de l'Évidence*, son centre, son ancrage et son point d'équilibre seront les organes génitaux. Pas étonnant que notre science ait ainsi observé que « le sexe c'est bon pour la santé ». Évidemment que les appareils ont du mal à détecter ce qui doit accompagner ce sexe pour que cela soit vrai. C'est le monde de la psychanalyse freudienne[a]. Sans le savoir, l'humain enfermé dans le carré vivra à la périphérie de son Être. Il insistera anxieusement à tout contrôler dans sa vie, mais ce ne sera pas suffisant, car une part en lui ne sera jamais nourrie ou satisfaite ; celle du cercle. Cela soumettra inefficacement sa vie aux pulsions du monde instinctuel afin de combler le vide. Dans le carré, son monde mental est limité à l'espace d'une boîte — cercueil de la matière entropique — dans laquelle vit et meurt cet humain. C'est son seul espace. Il n'est né que pour se battre et mourir.

---

[a] Jung avait bien senti qu'en fait, ceci risquait de créer une dépendance et ainsi une dissociation au sein même de l'être.

Si, en revanche, il est positionné aussi dans le cercle, symbole de la pensée circulaire et du *paradigme de la Réalité*, alors son nombril, lié à la source de vie, à la nature, devient le centre. Il est ancré dans l'origine de tout et dans l'origine de son Être qui dépasse le temps et l'espace. Il vit dans l'infini et l'universel tout en étant ici, maintenant. Dans le cercle, symbole de la Nature, il jouit d'un environnement mental plus large associé au Tout, non autorisé par le seul carré. Son ancre, son centre alors n'est pas à la périphérie, car il est le même que celui du Tout. Il ne voguera plus à la dérive de façon incohérente comme un bouchon sur une mer d'encre, à la merci des événements et de tous. Il vivra naturellement la spiritualité qui requiert un lien avec la Nature. S'il fait partie d'une religion, il ressentira, récitera et chantera. Les psaumes chantés stimulent l'hémisphère droit, ce qui explique qu'au début *tous* les textes sacrés devaient être chantés. Il pourra acquérir une connaissance profonde, car celle-ci passe *d'abord* par le cœur et le corps. L'autre, celle de l'Évidence n'est qu'une épingle à linge dans le cerveau pour aligner des données sur un fil conducteur, ou une accumulation de boîtes fermées dans lesquelles nous sommes enfermés.

Avec le seul carré, l'humanité est inhibée, tronquée de tout ce qui est porteur de vie, de son essence et de son sens, privée de sa liberté et de sa dignité. Tous les autres éléments de ce croquis pointent dans la même direction[a].

Aujourd'hui, avec le seul paradigme de l'Évidence, au mieux nous tentons de mettre *un* cercle dans le carré. Nous avons alors une vision de la nature qui est utilitaire ; une chose à exploiter. Notre religion n'est alors qu'ersatz de spiritualité. Supposant que cet humain du carré ne soit pas athée ou laïc parce qu'il a quand même le sentiment qu'un cercle doit exister, son approche de Dieu sera analytique, il étudiera les textes sacrés mot par mot, à l'infini. Cette obsession

---

[a] Les différents groupes ésotériques vivaient à la périphérie du christianisme. Certains ont promu le paradigme de la Réalité. Cachés, ils avaient une fonction sociale vitale et ont permis la Renaissance. Au début ignoré par les pouvoirs, parce que jugée insignifiante, leur influence grandissante est devenue une épine dans le pied des pouvoirs religieux et politiques. Ceux du paradigme de l'Évidence ne pouvaient accepter cette perte de contrôle.

analytique stimulera son hémisphère gauche. Voilà d'où viennent les guerres de religion fratricides et leurs persécutions. Voilà l'empreinte de notre civilisation.

La spiritualité du cercle dans le carré n'est pas *la* spiritualité. Ses promoteurs analysent la spiritualité et en font, consciemment ou non, un outil pour des fins personnelles. Je pense aux méditations, yogas ou autres pour fin de développer des « pouvoirs » ; l'utilisation des anges, des cristaux, de « l'énergie universelle », de la magie, des chakras, de la « kundalini » (elle s'éveille naturellement en temps et lieu chez ceux qui sont du grand cercle) et autre pratique de supposé développement spirituel. Puisque leur centre et point d'équilibre sont leurs organes génitaux, certains faux maîtres attirent ainsi les jeunes filles qui projettent leur désir d'absolu sur ces hommes. Elles les regardent comme des dieux. Eux, ne peuvent résister à la tentation et elles sont ainsi limitées à n'être qu'un petit cercle dans leur carré. C'est triste, puisqu'elles aspiraient à rencontrer un homme, un vrai, celui du Grand Cercle. Trompées, elles s'en trouvent souvent brisées.

Ceux qui croient être arrivés parce qu'ils ont réussi une certaine « quadrature du cercle » ainsi se leurrent : leur centre se situe encore dans leurs organes génitaux. En ce sens, Freud avait raison[a] : leur génitalité dirige tout chez ces humains, sans qu'ils le sachent. Malheureusement pour Freud, ses disciples et leurs patients, tant qu'ils se limitent au paradigme de l'Évidence dans leur thérapie ils n'obtiendront pas la cohérence de l'Être entier, même avec 10 ans de psychanalyse. D'ailleurs, Freud avoua, en réponse au succès de la psychosynthèse de Roberto Assagioli :

> *« Comme nous analysons… la grande unité que nous appelons ego intègre en elle toutes les pulsions pulsionnelles qui auparavant avaient été séparées et tenues à l'écart de lui. La psychosynthèse est donc réalisée en cure analytique sans notre intervention, automatiquement et inévitablement.*[84] *» Freud*

C'est faux et une tactique pour récupérer la psychosynthèse en affirmant que la psychanalyse

[a] Pour Freud, toute la civilisation n'est en fait qu'une *« farce issue d'un refoulement sexuel. »*

l'englobe. C'est bien une façon de mettre le cercle dans le carré. Or, Assagioli, tout comme Jung d'ailleurs mettait ses patients en contact avec un aspect d'eux-mêmes qui dépasse le temps et l'espace[a], avec le paradigme de la Réalité, avec le cercle premier. La psychanalyse freudienne refuse et craint ce qui n'est soumis ni à l'espace ni au temps.

Un des problèmes avec cette amélioration factice d'un cercle dans le carré est que la femme, qui représente la polarité féminine[b], ce grand cercle de la Réalité, est alors considérée et se considère, au mieux, comme étant un petit cercle dans le carré. Elle croit faussement que c'est le seul et qu'il est celui de la Nature. Le carré, à tort, est toujours considéré comme le Tout. L'homme qui n'a pas accès au grand cercle ne voit alors de la femme que ce qui lui ressemble physiquement. Certes elle peut être « chair de sa chair », mais pas encore « âme de mon âme ». Et son centre à elle est dès lors limité à celui de l'homme du

---

[a] Il a postulé un centre d'identité plus profond, qui est le Soi.
[b] Voir mes autres ouvrages.

carré : ses organes génitaux. Sa beauté ne dépend désormais que de son « sex appeal ». Tout ce qui a trait à la polarité féminine de la femme, et à celle de l'homme est ainsi évacué et ignoré.

Subconsciemment, ces hommes ont forcément tendance à voir la femme comme un homme minus puisque le cercle est alors, forcément, plus petit que « leur » carré. L'homme se considère dès lors l'esprit du Tout et la femme est la matière. Il se sent bien. Mais gare à lui, car il rencontrera peut-être une « femme » du carré qui prétendra être une femme du petit cercle[a]. Il ne sera bientôt plus rien, car les femmes sont émissives émotionnellement. Ces femmes sont alors des mantes pas très religieuses qui dévorent les mâles du carré. Ce pauvre petit homme sera réduit à devenir un carré dans ce petit cercle. Il portera patiemment le sac de Madame Germaine[b]. On n'est pas sorti de cette auberge-là.

---

[a] Il y en a beaucoup ; elles sont **très** visibles.

[b] Germaine est une expression québécoise, pour vous faire sourire : « Elle gère, et elle mène. »

Cette parole de femme-là ne peut régénérer la société ; elle ne peut que créer davantage de division et de misère. Nous nous devons de permettre aux êtres d'accéder au grand cercle.

Il est dit « croissez et multipliez ». Il n'y a pas de croissance ni de vie sans le cercle total de la Réalité. De mettre le cercle dans le carré est une limitation. C'est exactement ce qu'Einstein avait demandé à Jung de réussir. Il voulait mettre la psyché liée au grand cercle en équation pour qu'elle réponde aux coordonnées de temps et d'espace. En fait, il lui demandait de mettre la psyché dans le carré. C'est ce que les psychologues scientifiques tentent de réaliser. Mais c'est impossible comme l'ont constaté Jung et Pauli, à moins de se limiter à une vision freudienne de l'être humain. La psyché est libre et circule sans les contraintes de temps et d'espace ; elle est du monde des quanta; elle englobe le temps et l'espace sans s'y soumettre. Jung avait bien pressenti cela. Nous sommes davantage que ce que le carré nous permet.

L'Homme de Vitruve est un modèle pour l'humain. Celui d'aujourd'hui et celui de demain. Tout y est.

Les lésions du cortex préfrontal ventromédian provoquent une incapacité de distinguer entre les genres[85]. Cette structure, nous l'avons vu, en est une des plus importantes du premier régulateur. Est-ce alors étonnant que certains individus limités au domaine de l'Évidence et donc au deuxième régulateur veuillent abolir les genres ?

La vérité est que le genre se définit davantage par l'utilisation de certaines structures de notre cerveau et par notre psyché. Je ne parle pas ici des personnes transgenres, chez qui une différence notable au niveau de l'hémisphère droit —particulièrement de connectivité entre les zones cérébrales pariétales, dont le précunéus, et celles frontales qui interviennent dans la perception de son propre corps— a été notée[86]. Puisque l'humain est avant tout un être qui se définit par ses rapports humains, notre psyché influence notre cerveau. Notre position sur le spectre génital[a] sera ainsi définie par l'usage. Un acte génital inapproprié, surtout

---

[a] Le génital ne concerne que le monde physique. Le sexuel concerne l'ensemble des étages humains.

lorsqu'il est subi en bas âge, affecte comment notre moulin tourne et comment nous percevons les genres. Les viols[a] et agressions sont loin d'être anodins. Ils marquent psychiquement et physiquement toute une vie. Ils nous enferment dans le carré à deux dimensions. Contrairement à ce que certains ont avancé, ce ne sont pas qu'« *excès de stimulation, vécue de façon prématurée* ».

Tous les mammifères (incluant les hominidés) pour un but déterminé utilisent certaines structures en fonction de leur genre. Les mâles utiliseront d'autres structures que celles utilisées par les femelles.

Les genres, masculin et féminin, s'échelonnent sur des spectres [b]à différents niveaux : physique, émotionnel,

---

[a] J'ajoute aux viols des enfants, des jeunes filles et garçons et des femmes, ceux des hommes. Avec la banalisation de l'homosexualité, et les « valeurs » de notre société, nous avons ouvert la porte à une augmentation de viols chez les hommes. En général, les viols sont peu rapportés, car la victime doit vivre dans le déni afin de retrouver un semblant d'équilibre. C'est pourquoi si une divulgation surgit, cela se fait longtemps après le crime.

[b] Voir mes autres titres. Les spectres s'échelonnent du plus réceptif au plus émissif. Par exemple, au niveau émotionnel, la femme est plus expressive que l'homme. Elle n'a pas *plus* d'émotions.

mental, social et spirituel. Des recherches préliminaires montrent que chez les humains, les homosexuels de type « féminins » pour un même but, utilisent certaines structures du cerveau à la manière des femmes. Ils ne sont pas homosexuels à cause d'une construction sociale, mais bien parce que sur le spectre génital, qui [a]résulte des autres, ils ne se situent pas au même endroit que la majorité de ce genre physique. Les causes de ceci sont multiples et peuvent surgir de tous les niveaux de l'être humain et même résulter de la personne rencontrée. Chez les humains, les genres ont moins à voir avec les organes génitaux, car *la psyché prime chez nous.* Ceci fait de nous, essentiellement, des êtres sociaux. D'où l'importance du nerf vague chez les humains.

Sa physiologie diffère et domine chez la femme. Les hommes du carré voient et analysent la sexualité de la femme à travers la leur, ce qui est normal, car pour eux le cercle est dans le carré. Mais ainsi, ils la limitent

---

[a] En Pansystémologie on considère que chez l'humain, des spectres plus subtils tels que ceux de l'émotif, du mental et du social par exemple influencent le spectre génital (donc physique).

à ce qu'ils peuvent observer, expérimenter et contrôler, car ils ignorent la femme dans sa différence. Par exemple, dans le cas d'un accident qui aurait endommagé la moelle épinière, le nerf vague qui ne lui est pas lié chez la femme lui permettra de vivre quand même un orgasme[87]. Ce n'est pas le cas pour l'homme. Ceci indique une sexualité différente chez la femme. Par son nerf vague, la génitalité de la femme en Santé est intimement liée à son cœur, à son système limbique (émotions) et à son inconscient. Elle devient sexualité. Les recherches indiquent que la stimulation du nerf vague conduit à une stimulation du cortex préfrontal *ventromédian droit*. Pas étonnant alors que ceci aide à contrôler les dépressions graves et occasionne un effet imprévu : la bonne humeur[88].

De la physiologie à la psychologie, hommes et femmes diffèrent de façon fondamentale. Donc le genre *n'est pas* une construction sociale. La culture est capable, par contre, d'influencer son expression individuelle et sociale. D'enlever leurs poupées aux petites filles qui aiment les poupées ne fera qu'empêcher ces petites filles-là de s'exprimer.

Nier les genres, tenter de les effacer sous prétexte que « c'est seulement une construction sociale » est une violence imposée aux enfants, car c'est à partir du genre génital, sexuel et social que l'on commence de façon inconsciente une quête consciente de notre identité profonde.

La neuroplasticité et les habitudes

Plusieurs perversions et dépressions proviennent d'un cerveau qui s'est développé sur des difficultés et des conflits non résolus de la petite enfance. La grande neuroplasticité du cerveau nous permettra d'en régler quelques-uns chez l'adulte[89]. Nos actes, nos pensées, nos rituels ainsi que les événements de notre vie informent notre cerveau en lui répétant : « voilà qui tu es » ou « voilà les demandes ». C'est ainsi que nous devenons peu à peu ce que nous faisons et pensons, mais aussi ce que nous avons subi ou ce que certains disent que nous sommes.

Notre vie contemporaine éloignée de la nature et la désynchronisation entre nos deux hémisphères, notre cœur et notre nerf vague, génèrent un cerveau qui perd son rythme interne et externe. Il perçoit alors l'environnement comme étant arythmique et plat. *Le cerveau prend ses repères de rythmicité interne*[90] *sur le système nerveux autonome*[a] *(nerf vague) et celui-ci prend les siens d'abord sur notre psyché et sur l'environnement.* Ses déséquilibres et arythmies sont des causes majeures de perte de Santé ainsi que de l'épidémie du syndrome métabolique[91] et d'insomnie. Notre hygiène se doit d'être consciemment centrée sur la Nature et ses rythmes ainsi que sur ses deux paradigmes.

L'hygiène quotidienne et l'harmonie avec la nature

La nuit, alors que les ondes delta prédominent, l'espace entre les cellules du cerveau augmente (60 %) permettant au liquide céphalo-rachidien d'évacuer par

---

[a] Une caractéristique unique du système nerveux autonome (SNA), bien que généralement négligée, est liée aux rythmes ultradiens latéralisés. Les oscillations du cerveau dominent en phase d'un hémisphère à l'autre, ce qui se retrouve au niveau des narines et du système autonome. Une branche du système nerveux sympathique (SNS) domine un côté du corps et une branche du système nerveux périphérique (SNP) domine du côté opposé, et les deux systèmes inversent la domination des deux côtés en phases. Voilà pourquoi les respirations alternées sont si efficaces pour stimuler les deux hémisphères et les systèmes nerveux.

pulsation les protéines déficientes qui altèrent la mémoire du cerveau. Ceci prend la forme de grandes vagues d'oxygénation du sang suivies par des vagues de liquide céphalo-rachidien[92]. Ces mouvements sont étroitement liés à l'activité des ondes lentes[a] cérébrales et du flux sanguin. Les travaux confirment l'importance, pour le bon fonctionnement de ce système dit *glymphatique*, de sa synchronisation avec le rythme circadien de la nature qui régule le cycle veille-sommeil. Des recherches suggèrent en effet que les personnes nocturnes ou insomniaques sont à risque accru de différents troubles neurologiques[93]. Un bon équilibre entre les deux régulateurs, donc une vraie prise de conscience des deux paradigmes est la première arme pour contrer l'insomnie. En effet pendant la nuit, les structures liées à l'hémisphère droit et au réseau du mode par défaut (default mode network[94]) influencé par le nerf vague prévalent. Nous sommes alors dans le monde du paradigme de la Réalité. C'est ainsi que les rêves peuvent nous indiquer

---

[a] Pendant le sommeil, la fréquence diminue et l'amplitude augmente. Le rythme **delta** : de 0,5 à 3-4 Hz de fréquence et de 100 à 200 microvolts d'amplitude. Sommeil profond et coma.

l'état d'équilibre ou de déséquilibre de notre système LIFE personnel.

La colonne vertébrale psychique

Notre posture est intimement liée à notre colonne vertébrale psychique exprimée par le nerf vague et notre contact conscient avec le monde du premier régulateur.

Une colonne droite permet une meilleure circulation générale, une meilleure respiration, une meilleure digestion et une meilleure fonction du nerf vague. Nous aimons voir des gens qui présentent naturellement une bonne posture, psychiquement cela nous influence positivement. Pourquoi ? Parce qu'on perçoit que ces gens « se tiennent », qu'ils ont une colonne vertébrale psychique, qu'ils sont cohérents, droits et heureux : bref, ils sont beaux.

Le fait d'être physiquement replié sur soi restreint les mouvements du diaphragme. Ceux-ci, agissant comme une pompe, sont en fait essentiels pour le bon fonctionnement des organes et du système lymphatique (système de collecte des déchets). Je pense à tous ceux qui travaillent ainsi penchés toute la journée devant leur écran d'ordinateur. Une posture droite permet au diaphragme de se contracter, il laisse ainsi passer les aliments et empêche l'acide gastrique de remonter dans la gorge. Aussi, le mouvement du diaphragme autour du nerf vague stimule la réponse parasympathique et inhibe[95] de ce fait la production de cytokines[a] inflammatoires[96]. Au contraire, une respiration superficielle est ce qui se passe lorsque nous sommes stressés et en mode de combat ou de fuite. Il a été démontré qu'une exposition chronique à des cytokines inflammatoires[97] élevées peut entraîner la dépression (et vice versa[98]). Une surexpression des mêmes cytokines entraîne aussi une réduction du taux de sérotonine[99] et provoque donc une tendance à l'insomnie qui affectera négativement le système dit glymphatique. Une dépression est à prévoir.

---

[a] Les cytokines sont des protéines sécrétées et libérées par les cellules. Elles ont un effet spécifique sur les interactions entre les cellules. Présentes (entre autres) dans la polyarthrite rhumatoïde, le rhumatisme psoriasique, la spondylarthrite, le psoriasis, la maladie de Crohn et plusieurs autres.

Plus le mouvement du diaphragme est ample, plus nous obtenons une stimulation du nerf vague. Donc, pour stimuler la réponse parasympathique et ainsi diminuer l'inflammation, et pour influencer positivement notre cœur, notre colonne psychique et comment nous nous sentons, nous pouvons pratiquer la respiration profonde[a] et nous tenir droits.

Rappelons aussi que les oscillations du cœur influencées par le nerf vague entraînent celles du cerveau. Comme nous l'avons déjà mentionné[b], la mesure de variabilité de la fréquence cardiaque (VFC) est une mesure de l'activité du nerf vague. C'est une technique non invasive reconnue par le système médical. Elle mesure notre taux de résilience. Ajustée pour l'âge, elle représente un indicateur inestimable de la Santé d'un individu[100]. Une bonne santé physique et psychique générera une bonne lecture de VFC. En effet, les émotions déclenchent des activations physiologiques engageant le système nerveux

---

[a] Diaphragmatique.

[b] Voir chapitre 4.

autonome. C'est pourquoi on disait de cette mesure qu'elle évalue le « stress ». Aujourd'hui, non seulement on la considère comme clef de l'équilibre fonctionnel du nerf vague, mais elle indique également l'état des systèmes cognitif, émotionnel et somatique ainsi que l'état de synchronisation des deux hémisphères. Nous pouvons en déduire qu'elle mesure notre approche des deux paradigmes. C'est un marqueur important de notre Santé. L'aspect afférent du nerf vague explique pourquoi certains généticiens se tournent maintenant vers le système nerveux autonome. Il a un effet indubitable sur la performance du cerveau via les bactéries de l'intestin (microbiome[101]). Ces chercheurs remontent aux causes. Bientôt, espérons-le, ils accosteront aux berges de la psyché.

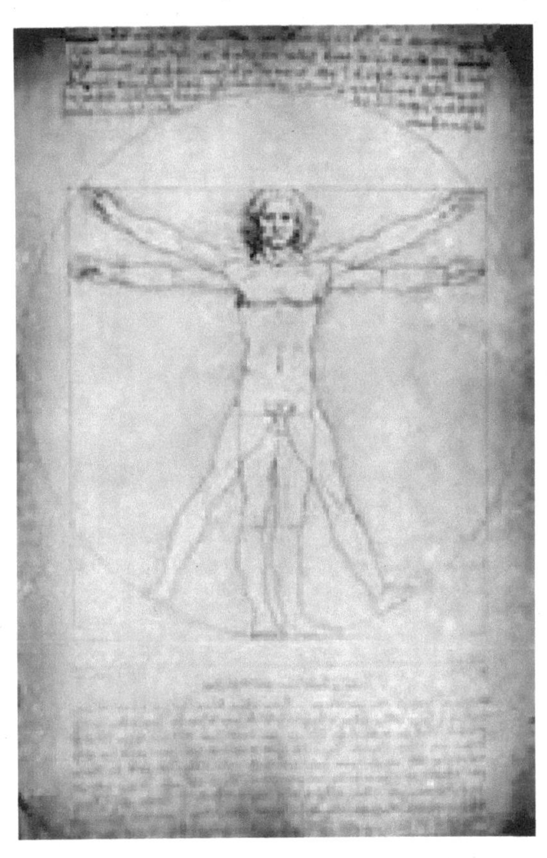

L'Homme de Vitruve, Léonard de Vinci, circa 1492. Galerie dell'Accademia, Venise.

5

CARL GUSTAV JUNG ET LE POTENTIEL QUANTIQUE

« Les frontières de la chair ne démarquent pas les limites de la monade individuelle. Un tissu de correspondances mêle sous une destinée commune les animaux, les plantes, l'homme et le monde invisible. Tout est relié, tout résonne ensemble, rien n'est indifférent, tout événement fait signe (..) il n'y a aucune rupture qualitative entre la chair de l'homme et la chair du monde ».

—*Daniel Le Breton*[102]

Le Psychanalyste Carl Gustav Jung (1875 – 1961) a observé que les mythes[a] jouent un rôle primordial dans l'équilibre psychique de l'être humain. En effet, de façon consciente ou non nous utilisons

---

[a] Dans son sens étymologique « d'exposition d'un concept, d'une idée, d'un enseignement sous forme allégorique » (Ac. Compl. 1842). Les mythes anciens, fondateurs de civilisations qui ont perduré sont les plus éclairants. Voir Conclusion. L'identité profonde de toute personne est bâtie sur des mythes à teneur de vérités universelles.

tous des symboles transcendants et stables pour ancrer notre psyché inconsciente et notre conscience dans un univers d'éléments hétéroclites. La quête de sens est *centrale* à toute activité cognitive humaine. Elle s'échelonne du pourquoi de l'être jusqu'à la connaissance de la matière.

En exemple, l'écolier qui habitait au nord de Saskatoon en Saskatchewan et qui ne possédait rien pouvait quand même faire du sens de sa vie. Il allait à l'école donc pouvait espérer et s'imaginer un avenir. Dans sa classe était accroché un portrait de femme ; on lui dit que c'était la reine Elizabeth. Les élèves chantaient le « God Save the Queen ». Les mots importaient peu. C'était *leur* reine. Ce portrait le liait à des émotions, à une communauté, son histoire, ses racines, à des valeurs et à une aisance de vivre. Que la reine soit jolie ou non lui importait peu ; elle signifiait un espoir et une appartenance. Il lui semblait la connaître. Par la seule présence de son portrait, elle témoignait d'un monde épique qui le libérait, lui, pour quelques instants, du temps, de l'espace et de sa condition. Il pouvait vibrer et ressentir la liberté de l'espoir, son individualité se faisait chair. Même si cet enfant n'avait pas de mère, il pouvait espérer voir la reine passer un jour et, comble du bonheur, espérer ce salut caractéristique de la main royale. Il existait.

Un jour, un train la transportant devait passer par là. Il prit une pièce de monnaie et la mit sur un des rails du chemin de fer. Le train est passé. Il a récupéré sa pièce ; elle sera avec lui partout, par ce lien au fond de sa poche. Cet homme, maintenant âgé affirme que la reine a toujours été avec lui comme un espoir, sa vie durant[103].

Notre paradigme de l'Évidence détruit la possibilité d'avoir quelqu'un bien en vue qui nous fasse vibrer et nous libère du temps et de l'espace. Ceux qui avaient cette fonction première et indispensable pour supporter notre condition humaine sont maintenant privés des modalités nécessaires. Ceux qui sont limités au carré ne veulent ni voir ni croire qu'un cercle qui les dépasse existe. Les chevaliers de la Table *ronde* de King Arthur, ce n'est pas pour eux. Ils détestent, donc cherchent à détruire ceux qui ne sont pas limités au carré, car ceux-ci, en indiquant la vérité les angoissent ; ils les trouvent insupportables.

Cependant, la quête de sens nous habite tous, même les plus grands scientifiques se disant athées. Aussi le regretté physicien théorique et cosmologiste anglais Stephen Hawking concluait-il (mon accentuation) :

« Même s'il n'y a qu'une théorie unifiée possible, ce n'est qu'un ensemble de règles et d'équations. Qu'est-ce qui insuffle le feu dans ces équations et fait un univers à décrire pour elles ? L'approche habituelle de la science de construire un modèle mathématique ***ne peut répondre*** *aux questions à savoir* ***pourquoi*** *il devrait y avoir un univers pour le modèle à décrire. »*

Notre science de l'Évidence se heurte ici à une incompétence. Elle ne peut fournir de formule mathématique en réponse à un *pourquoi* si la cause ultime de notre univers et de notre existence se situe en dehors d'un temps et d'un espace mesurable. Or, c'est le cas. En réponse à la demande d'Einstein[a] qui

[a] Voir chapitre 1

n'acceptait pas cette défaite, Jung a partagé ses recherches avec le physicien quantique Wolfgang Pauli (1900-1958).

Les deux grands hommes se rencontrèrent pour la première fois en janvier 1932. Pauli avait alors déjà rédigé une critique de la théorie de la relativité d'Einstein qui fit dire à celui-ci qu'il était peut-être le seul physicien qui saisissait vraiment sa pensée. Il avait aussi déjà développé le principe d'exclusion (pour lequel il recevra le prix Nobel en 1945), et avait postulé l'existence des neutrinos, ceux-ci étant maintenant reconnus.

Pour Jung, comme pour Freud d'ailleurs tout est d'abord psyché ou âme. Pauli pour sa part soupçonnait qu'avec le principe d'incertitude de la théorie quantique, quelque chose colmate en quelque sorte le fossé psyché-matière. Sans cela, il est impossible d'expliquer et de donner un sens à cet univers et encore moins à notre place au sein de celui-ci.

Leur collaboration visait donc à trouver *le* principe unificateur. Jung était convaincu que certains événements que nous nommons coïncidences dans certains cas révèlent en fait l'unité sous-jacente des réalités subjectives et objectives, de notre inconscient et du monde physique. La « synchronicité » comme Jung a nommé ce phénomène, lui a valu les railleries et les critiques les plus vitrioliques. Soit. Il s'agit d'événements rares pour l'instant, car ils impliquent que nous percevions une correspondance dans le temps d'événements physiques indépendants qui révèlent et appuient un événement psychique personnel qui alors prend tout son sens pour l'observateur. Peu de gens possèdent cette perspicacité. Elle implique une conscience élargie qui n'est pas celle permise par le monde de l'Évidence.

Jung disait que de tels événements se présentaient chez des êtres qui étaient en contact avec leur individualité. Il avait noté que dans la vie de ces gens les rêves sont souvent liés à des coïncidences. Ils sont prémonitoires. Cela va de soi ; les songes et l'individualité appartiennent au paradigme de la Réalité. Noter régulièrement les rêves qui nous paraissent importants est un acte conscient générateur de révélations. C'est un outil indispensable pour notre quête de cohérence et d'identité.

Je me souviens d'un événement qui s'est produit à Paris en France. Notons que depuis toujours la musique « live » de cornemuse de l'Écosse me porte et m'émeut sans raison apparente. Pourtant j'écoute plutôt de la harpe et du clavecin.

Mon compagnon méditait chez une amie alors que je me promenais dehors, non loin, au Champ-de-Mars. Lorsque je revins à l'appartement, je leur racontai qu'alors que je marchais, un bus s'est subitement arrêté à ma hauteur. Surprise, je me suis arrêtée. Un groupe de joueurs de cornemuse en costume traditionnel en descendit rapidement. Passant devant moi sans me regarder ils allèrent se placer rapidement dans l'aire gazonnée. Ils jouèrent un morceau avec beaucoup d'émotion puis retournèrent en hâte vers leur bus et repartirent. J'étais émue, profondément, comme si leur exécution m'était destinée.

Les deux me regardèrent, surpris. Alain me raconta que notre amie lui avait demandé sur quoi il avait médité. Ce à quoi il dit qu'un film se déroulait devant ses yeux. Des joueurs de cornemuse fiers et nobles y jouaient. Au moment où il lui racontait cela, ils entendirent tous deux de la cornemuse ; celle que je regardais ! Ajouté à ce qui se passait alors dans ma vie, il y avait là un message profond pour mon identité et pour ma compréhension de ce qu'est la Conscience du monde de la Réalité et « qui » je suis dans mon individualité.

À la suite de son interaction avec Pauli, et par observation de ses patients, Jung en vint à voir ce principe de connexion acausale comme une théorie explicative. Associée à la causalité, elle pourrait bien conduire un jour à une compréhension plus complète de la réalité. Jung avait donc pressenti que nous devons impérativement utiliser les deux paradigmes pour être cohérents. Il a affirmé qu'il n'avait pas trouvé la clef. En fait, il l'avait trouvée, inconsciemment. Si j'analyse sa façon de procéder pour aider ses patients et celle dont procède le cerveau, on y voit un modèle clair. Le paradigme de la Réalité est la base et l'ensemble, il porte un modèle. Ce modèle[a] est *le* principe unificateur entre matière et psyché.

Le paradigme de l'Évidence n'est que l'outil de survie qui nous permet d'utiliser des éléments de cette Réalité ici sur terre. Il est à *l'intérieur* du paradigme de la Réalité. Nos outils scientifiques issus d'un paradigme limité ne peuvent donc percevoir que les éléments restreints au monde de l'Évidence. Les événements associés à la psyché silencieuse sont alors inaccessibles à ce conscient fort soumis aux émotions, aux schémas et au monde physique.

Jung avait aussi constaté que lorsqu'un patient était en transe, dès qu'il désirait saisir cette expérience ou sa vision par son conscient analytique, le contenu s'évanouissait comme un rêve. C'est normal, puisque le monde de l'Évidence est restreint par rapport à celui de la Réalité. Cette vision se situait à l'extérieur du champ d'action de cette conscience-là. Ceci implique aussi que notre perception du monde conscient analytique comme étant « plus évolué » que notre monde

---

[a] Ce modèle que j'ai nommé le LIFE. Voir Ariane PAGE.

inconscient est un mirage de notre petite personnalité qui ne voit pas plus grand qu'elle-même. C'est Narcisse.

L'inconscient est en grande partie en fait une surconscience, car rien ne lui échappe. Contrairement à notre conscient, il vit dans la Totalité. Nous confondons inconscient et le subconscient lié aux automatismes, qui n'est pas la même chose. Le subconscient appartient au monde de l'Évidence.

Donc de l'image de l'iceberg de Freud, nous croyons que notre conscient est à la fine pointe de l'iceberg, dans un monde élevé, pur, froid et au soleil. L'iceberg des Lumières. Mais en fait il est à la limite entre l'eau et l'air, là où la glace de mer se forme[a]. L'eau c'est le monde du subconscient, des émotions, d'une partie de la mémoire universelle, de ce qui s'est fait chair. Pour certains, leur conscient est carrément sous l'eau. Tout le reste appartient au Grand Cercle de la Réalité.

---

[a] La glace de mer se forme sur la surface de l'eau plutôt qu'en dessous. Notre conscient est ainsi un monde de schémas influencé par notre subconscient.

La synchronicité, cette réponse du monde naturel nous permet d'accéder malgré tout au monde de la Réalité. Car le monde de l'Évidence n'est qu'un degré ralenti, incarné du monde de la Réalité. « L'arrière-plan » qu'est la Réalité, par son modèle, permet le développement d'une *« description de la nature qui comprend uniformément la physique et la psyché »*.

Pauli disait à son assistant :

« Nous devons postuler un ordre cosmique de la nature au-delà de notre contrôle auquel les objets matériels extérieurs et les images intérieures sont soumis. »

Pour ce faire, le physicien doit obligatoirement progresser d'une physique périphérique à une philosophie profonde et centrale. Il doit faire référence à un modèle non mathématique puisque ce monde n'est pas analysable.

David Bohm a réussi cet exploit. Il passa de l'autre côté du miroir, de la physique quantique à la philosophie. Descartes aurait approuvé. Il a nommé le

modèle invisible « l'ordre implicite », et il a nommé le monde manifesté — son miroir fractal — « l'ordre explicite ». C'est l'explication quantique aux occurrences synchronistiques que Pauli recherchait et qui « *tissent une signification dans le tissu de la nature* ».
L'hypothèse Pribam-Bohm[a] indique que pour ces chercheurs, tout comme pour Jung d'ailleurs, la conscience est *inhérente* à la structure de l'univers. Elle est à l'origine du manifesté, de l'explicite. Nous avons la conscience parce que la Conscience existait déjà, avant nous. Bohm considère la Conscience comme un processus cybernétique[b], un flux universel se transformant entre deux ordres d'être en « *un mouvement fluide sans frontières* »[104]. C'est bien la description du QI, du Prana et de l'éther.

Ils n'étaient pas les seuls à penser de cette façon. Le physicien quantique William Heisenberg a ainsi déclaré :

---

[a] Pour une quarantaine de textes scientifiques édifiants sur ce même sujet, en anglais https://www.academia.edu/27842747.
[b] Donc exprimant un modèle.

« Les mêmes forces organisatrices qui ont façonné la nature sous toutes ses formes sont également responsables de la structure de notre esprit. »

Le paradigme de la Réalité se sent, se vit, il ne s'analyse pas. Mais nous y vivons tous constamment sans en être conscients. Ceci explique pourquoi le physicien quantique Niels Bohr a insisté sur le fait que le potentiel quantique des processus sous-jacents n'était pas analysable. En fait, cette science-là a déjà prouvé le paradigme de la Réalité et senti le modèle.

Qu'est-ce qui nous différencie des animaux ?

Les mammifères possèdent des structures cérébrales et un nerf vague très semblables aux nôtres. Le nerf vague d'un nouveau-né humain se myélinise sur une plus longue période après la naissance. Le corps de bébés bénéficiant d'un environnement enrichi développe davantage de myéline.

Plusieurs chercheurs se sont penchés sur les effets de la maltraitance émotionnelle et des sévices corporels sur les mammifères. Ils ont aussi analysé leur effet transgénérationel. La *négligence émotionnelle*[105] est l'abus le *plus* dommageable autant chez l'animal que chez l'enfant[106]. Pour un mammifère, elle signale la mort.

Notre approche, et même notre définition de ce qu'est la résilience, et ses besoins, est par contre problématique, car nous croyons qu'une vie aisée matériellement assure un enfant résilient, surdoué et docile. Ce n'est pas le cas[107]. Les enfants issus de foyers jugés sans problèmes ont également besoin d'amour véritable. Ils ont besoin de responsabilités et d'un environnement psychique véridique. Ils ont besoin d'une évaluation raisonnable de leurs talents plutôt que de subir une affirmation factice de grandeur de la part des parents. Celle-ci incite à une performance exagérée de la part de l'enfant, servant le paradigme de l'Évidence. Il doit alors utiliser des moyens détournés pour conforter ses parents dans leur vision de grandeur et ainsi s'assurer un amour inconditionnel. L'inconscient des enfants est un maître dans l'art de sentir les incohérences et les faux messages d'amour, même si la prise de conscience tarde à venir.

Le plus malheureux est que la vie sur terre ferme nous divise et notre société de l'Évidence diminue l'importance du lien naturel mère-enfant. Selon les recherches, les problèmes d'attachement se retrouvent maintenant dans 45 % [a] de la population générale. Certains perdent complètement leur contact avec ce monde où tout est un. N'en reste que la mémoire, que le sentiment d'un deuil et d'une perte: celui de la clef du Paradis. Ils se laissent mourir petit à petit comme le fait un éléphanteau abandonné par sa mère. C'est un instinct des mammifères pour éviter la dégénérescence de l'espèce. Même si des humains tentent de sauver ces petits, sans d'innombrables heures de rééducation et de soins intensifs, la plupart dégénèrent d'une dépression physique intense et meurent[b]. Le bébé humain mal-aimé meurt de marasme[108] ou de la maladie de

---

[a] Selon les recherches en théorie de l'attachement : Évitant 20 %, ambivalent-résistant 10 %, désorienté entre 5 et 15 %.

[b] Voir le travail de « Wild is Life » et de la « Zimbabwe Elephant Nursery » soutenue par IFAW à Harare.

Kwashiorkor[109]. Dans nos sociétés industrialisées, il survit[a] par un apport de nourriture constant. Il peut développer de la dépression, de la haine de soi-même, de l'anorexie, de la schizophrénie, un sentiment d'incapacité, de fatigue. Il passe des jours sans fin à souffrir et à mourir. Contrairement à l'éléphanteau qui ne survivra probablement pas, l'humain n'en finit plus de mourir. Ce qui meurt c'est une capacité d'expression d'une partie de sa psyché, du cercle. Certains se réfugient dans le monde de la Réalité et vont chercher la vie dans les racines de leur identité. Ils démontrent de la résilience. Mais la plupart se réfugient dans le paradigme de l'Évidence. Avec ce dernier paradigme, on ignore l'univers lié à son hémisphère droit, on s'active, on pense à autre chose. C'est moins douloureux. Mais ce n'est pas une guérison, bien au

---

[a] Par exemple : de 1775 à 1796, on répertorie 10 272 admissions de nourrissons à la maison de « Dublin Foundling » (Maison des enfants « trouvés »). Quarante-cinq seulement ont survécu. La roue des enfants trouvés était populaire au Moyen Âge pour prévenir l'infanticide. On pouvait y abandonner son bébé en le déposant anonymement. On a démantelé la dernière en 1826. Réintroduites en 1952, depuis 2000 elles sont une nécessité dans de nombreux pays. Hasard ?

contraire. Pendant les guerres mondiales, le corps médical notait dans tous les pays une diminution du taux de dépression. Est-ce à dire que les gens allaient mieux ? Non. Si l'on est en mode de survie et que les conditions sont plus mortelles que le souvenir de nos propres souffrances, on accentue les valeurs en soi de l'hémisphère gauche et des structures limbiques pour survivre. Mais on ne vit pas. Le Prince Harry disait qu'il n'a jamais été aussi bien qu'en servant la Grande-Bretagne pendant la guerre en Afghanistan. Cela ne veut pas dire qu'il allait mieux. Il vivait en mode combat, sur son hémisphère gauche, tourné vers l'extérieur. Ainsi on met de côté *notre* Réalité personnelle.

Souvent, ceux qui ont été mal aimés, maltraités ou qui ont subi des traumatismes peinent à échanger profondément non seulement avec les autres, mais surtout avec eux-mêmes. La sécurité affective n'existe pas pour ces êtres. Le lien naturel entre les deux mondes de l'Évidence et de la Réalité est rompu. Certains veulent recréer cet univers où tout est Un, ce paradis perdu, de l'extérieur. C'est impossible. Ils tentent alors de mettre le cercle dans le carré. Pour se faire, ils désirent abolir tout ce qui les inhibe de quelque façon que ce soit[a] et parfois même ceux qui ne pensent pas comme eux[b]. C'est une chanson des Beatles : « *Imagine* ». Ce n'est pas un projet de société qui soit réaliste, ordonné et cohérent avec la condition humaine. C'est un cri à l'aide, le pleur étouffé de l'être qui a perdu la clef du Paradis.

Sans le savoir, malheureusement, en ce moment ils calquent leur action sur les désirs de la société de consommation en créant, en fait, davantage de divisions. Abattre tout ce qui divise et inhibe ? La nature ne fonctionne pas comme cela. Une des principales leçons du cerveau est justement que sans un minimum d'inhibition, la régulation et l'ordre sont impossibles. La maladie de Parkinson en est un

---

[a] Les frontières, les religions, les races, les cultures, les examens, certaines censures, les genres, les riches, les « tabous » des autres, l'identité, l'éducation « élitiste », les inhibitions sexuelles, les murs, la police et autres.

[b] Je ne parle pas ici de ceux qui sont contre les valeurs de l'hémisphère droit, évidemment. Ceux-là on se doit de les montrer du doigt !

exemple parmi tant d'autres. C'est l'emballement du système. Cette illusion dangereuse de « liberté » et de camaraderie est générée par leur souffrance inconsciente et leur ignorance du modèle régulateur. C'est une voie sans issue. Ils forcent une réaction compensatoire de ceux qui soudainement se retrouvent sans aucune structure stable ou protection dans un « melting-pot » assourdissant et cacophonique. Ce grondement s'amplifie maintenant de jour en jour[110], et de façon exponentielle. Cela n'augure rien de bon pour notre avenir. Nous opposons et vilipendons des gens qui ne méritent pas ça[a].

Une deuxième différence de cerveau entre les humains et les mammifères concerne le couple **de** Yakovlevian. Il s'agit d'une torsion hémisphérique dans le sens antihoraire, une caractéristique asymétrique propre au cerveau humain[111]. L'hémisphère droit dans

---

[a] Je pense par exemple au groupement « antifasciste » Antifa qui impose sa présence lors de démonstrations pacifistes de défense des droits et libertés, *contre* des démonstrateurs pacifiques. Voilà une contradiction flagrante. De plus, les recherches démontrent que pour la majorité de ce groupe, la violence est considérée un outil nécessaire.

sa partie frontale (devant) est tourné vers l'hémisphère gauche. La partie occipitale (arrière) de ce dernier est tournée vers l'hémisphère droit. Comme si les deux hémisphères étaient continuellement sollicités par une oscillation antihoraire, telle une danse méditative de derviches tourneurs. Encore une fois, l'hémisphère droit donne manifestement le ton. Une perturbation du développement de cette torsion asymétrique ou son absence a été observée dans le cas de troubles cognitifs ainsi qu'en cas de troubles bipolaires[112].

Chez les humains, les lobes préfrontaux occupent presque le double d'espace dans la boîte crânienne comparativement à ceux des singes. Chez les grands singes, la différence se situe plutôt dans la quantité de matière blanche myélinisée (astrocyte, cellule gliale, etc....) Chez nous, il y en a davantage du côté de l'hémisphère droit. Le scientifique et explorateur Fridtjof Nansen (1861-1930) avait suggéré l'importance de ces glies pour la cognition, ayant constaté que leur nombre augmentait des formes d'animaux inférieurs aux formes supérieures.

Aussi, lors du développement du fœtus, une classe spéciale d'astrocytes apparaît pour orchestrer la construction du cerveau, puis disparaît lorsque le travail est terminé. Le cerveau humain tout entier émerge de ce groupe de cellules[113]. Ces astrocytes[114] insèrent différents types de molécules de croissance dans la matrice extracellulaire guidant ainsi le développement fœtal. Astrocytes, neurones, matrice extracellulaire[115] et nerf vague forment une relation étroite[116] tout au long de notre vie. Ils sont impliqués dans l'apprentissage, la mémoire et la maladie. En exemple, les cellules cancéreuses échappent au contrôle de la matrice extracellulaire qui baigne dans le fluide universel de la Réalité.

Qu'en est-il alors de notre capacité d'analyse et de l'utilisation d'outils ?

Un animal comme le ratel est capable d'utiliser des outils. Il creuse la terre pour chercher des pierres qui sont pourtant invisibles à ses yeux. Il les empilera dans un coin pour s'enfuir de son enclos[117]. Si ses gardiens enlèvent toutes les pierres, il attendra la pluie et en construira de boue séchée. Le deuxième régulateur qu'il emploie de façon stratégique est avant tout un outil. Admettons-le, il est certes plus développé chez l'humain que chez n'importe quel autre animal. Cependant, ce n'est pas là ce qui différencie l'humain de l'animal. Nous savons depuis peu que cette fonction analytique que nous croyions par essence objective est en fait toujours soumise à nos schémas émotifs[a]. La conscientisation c'est l'humain qui peut se prendre lui-même comme objet. Cette conscience réflexive est celle de l'hémisphère gauche. Mais cette conscientisation n'est pas la Conscience. La Conscience n'est pas nécessairement réflexive et existe aussi et surtout dans le monde inconscient et silencieux de l'hémisphère droit.

La particularité de l'humain réside dans le fait que par son hémisphère gauche et sa vision analytique, il est en général un animal déconnecté de la Nature. Il l'est tant et aussi longtemps qu'il utilise son outil analytique contre la Nature, contre les autres (pour les

---

[a] Antonio Damasio

tromper), et pour sa propre et unique glorieuse satisfaction. En fait, il est ainsi moins qu'un animal.

Une des différences principales s'exprime donc à ce niveau : la conscience réflexive de l'être conscient par rapport au Tout. Ce qui transformerait vraiment l'homme en un animal supérieur serait son désir d'agir harmonieusement avec le Tout, de sacrifier sa personnalité pour celui-ci et de vivre en cohérence avec le paradigme de la Réalité. Donc, voyons cette conscience humaine un peu plus en détail.

Et la conscience humaine dans tout ça ?

« Il ne serait pas surprenant qu'il s'avère que l'origine et le destin de l'énergie dans l'univers ne peuvent être complètement compris indépendamment des phénomènes de la vie et de la conscience... La vie a peut-être réussi contre toute attente à modeler l'univers à ses fins » (extrait de sa conférence du prix Templeton).

— Freeman Dyson, théoricien quantique.

La découverte que les quanta se comportent comme un système unifié, même lorsque séparés par des distances telles qu'il ne peut y avoir de signal causal entre eux, suggère que la Conscience dans l'univers fonctionne aussi ainsi ; comme un tout fondamental plutôt que comme une collection de consciences individuelles. Confrontée au temps et à l'espace, la Conscience, tout comme les quantas, répond aux besoins de l'ensemble. La conscience individualisée recherche sa réflexion dans son lien avec la Conscience totale. Notre besoin d'amour en est l'expression la plus évidente. Mais de quelle conscience s'agit-il ?

Nous possédons *tous* deux types de conscience. Afin de mieux les cerner, voici une expérience personnelle pour les illustrer.

Alors que j'avais seize ans, ma mère m'emmena chez un orthodontiste. Ma dentition tout comme celle de ma sœur ainée était acceptable, cependant, mes deux incisives principales étaient un peu avancées. La dentition de ma sœur était maintenant parfaite. C'était à mon tour. L'orthodontiste était à nous expliquer les procédures à suivre, les dents à enlever pour « faire de la place », le coût. Puis ma mère posa la question : pendant combien de temps devra-t-elle porter les

« broches » ? Il dit que comme j'étais plus vieille, il faudra les garder au moins *quatre* années. Alors qu'il prononçait ce chiffre, je me suis retrouvée à observer une scène. L'homme visiblement inquiet était penché sur un corps. Précipitamment, il se leva et alla dans la pièce d'à côté. Je le vis prendre ce qui ressemblait à un petit flacon dans une pharmacie au mur. Fermer cette porte et revenir précipitamment.

Revenue à moi, j'étais comme sur un nuage. Je ne dis mot et je n'écoutai pas la courte conversation qui suivit entre ma mère et l'orthodontiste. J'étais à me remémorer la scène dans son feeling. Ma mère était froide. Arrivées à l'ascenseur, je lui fis remarquer à quel point il avait été inquiet, j'étais touchée de son empathie. Je relatais la scène, sa précipitation nerveuse à aller chercher et prendre la bouteille et la ramener. Je lui demandai : « qu'est-ce qu'il y avait dans le flacon ? » La porte de l'ascenseur s'ouvrit. « Ben voyons don Nicole. T'étais inconsciente ! » Je ne comprenais pas. « T'as pas pu le voir faire ça ! » Seulement alors ai-je réalisé ce qui s'était passé. Seulement alors j'ai commencé à analyser la scène que pourtant j'avais mémorisée. Le point de vue était comme si « j'étais » dans un coin supérieur de la pièce, regardant la scène qui se déroulait en bas. Je n'analysais pas que c'était mon corps, là, étendu sur le sol près du sofa. Que c'était ma mère là, peut-être parce qu'aucune émotion n'émanait d'elle. Que je pouvais « voir » à travers le mur dans la pièce d'à côté. Tout cela ne m'avait pas semblé anormal. Bien que toute la scène ait été mémorisée dans ses moindres détails, ce sont les émotions d'empathie du dentiste qui ont attiré ma conscience. C'est comme si le reste n'avait pas d'importance. Je savais *exactement* ce qu'il ressentait et j'étais émue.

Cette expérience, ajoutée à plusieurs autres, à mes observations et à mes connaissances concernant le cerveau, les mythologies, la psychanalyse jungienne, le modèle de la Nature et la psychologie m'ont permis de comprendre la conscience dans ses différentes manifestations. Ce qui suit est mon interprétation personnelle qui correspond au chemin déjà parcouru dans ma compréhension. Elle n'engage que moi. Mon interprétation est aussi limitée que je le suis. Mais c'est un début qui m'a aidé. Rien de ce que j'ai appris pendant toutes mes années de recherches (44 années) ou lu ne contredit cette compréhension, simplifiée ici. Elle explique beaucoup de faits que nous trouvons étranges. Notre Conscience existe *avant* et séparément de notre corps. J'utilise un « C » majuscule pour cette conscience antérieure et éternelle de l'individualité et du monde de la Réalité et un « c » minuscule pour celle de notre personnalité mortelle et du monde de l'Évidence. Elle peut voir notre corps, mais notre corps ne peut la voir. Associée ou non à un corps, elle se présente ici-bas comme un arbre inversé. Son sol nourricier est la Réalité qui est une communauté de Consciences, toutes des cellules de La Conscience. On pourrait comparer la Conscience à un feu qui peut se diviser à l'infini, tant qu'il y a des chandelles pour la recevoir. Sur terre, ce sera tant qu'il y a d'organismes adéquats pour l'accueillir. Chaque flamme est différente, mais c'est toujours le même feu divisé. La flamme qui a été séparée gardera la mémoire de sa vie sur sa chandelle[a] et garde malgré tout un lien avec toutes les autres flammes. Elle recherche constamment ce lien. Elle vit par et pour ce lien. Il la nourrit ici-bas.

---

[a] Le corps physique.

C'est pourquoi les humains sont avant tout des êtres sociaux qui lorsqu'ils sont sains recherchent l'amour avant tout le reste. Je ne vois pas ma propre Conscience, mais *vous* pouvez la sentir. À travers votre Conscience, si elle se manifeste, je peux retrouver, me connecter à ma propre Conscience et à La Conscience.

Que fait-elle dans une dimension de temps et d'espace ? Elle y apporte et exprime la Conscience ultime, celle du Tout. C'est aussi là le seul désir de la Nature. On peut se demander le pourquoi de l'exercice.

Comme je le disais à mes enfants qui étaient philosophes bien avant l'heure : « Dépasser cette vision en ajoutant un autre "pourquoi" serait comme tenter d'insérer un éléphant dans une boîte d'allumettes ». Socrate pour sa part restait muet à ce sujet, car à cette étape de notre évolution, l'humain incarné est forcément limité par ce monde de l'Évidence et ne peut répondre sans ultimement risquer de faire fausse route.

Cette Conscience première du monde de la Réalité que nous avons se réverbère en quelque sorte dans notre organisation physique qui porte son modèle implicite (donc super-implicite). Après des milliards d'années d'évolution, la Nature s'est organisée pour faire écho et recevoir cette Conscience grâce à des structures adéquates. Pour Jung, le cerveau est :

> *« … probablement un décodeur dont la fonction serait de transformer la tension de la relative intensité de la psyché et du monde archétypal en fréquences perceptibles*[118] ».

Je suppose que cette Conscience peut s'incarner grâce à des structures réceptives, développée en affinité avec ses besoins.

La Conscience est information subtile comme le sont les quanta, le magnétisme et les radiations. Tout comme la Nature, elle porte le modèle super implicite (voir Bohm) et s'agence dans des structures qui portent le modèle implicite, et se manifestent dans l'explicite que nous voyons, cet écho de l'évolution dans l'organisation de la Nature. Avant notre naissance, cette Conscience plus vaste que le corps vient aider à l'élaboration de notre corps futur en cohérence avec cette Conscience et ses mémoires. Elle habitera en quelque sorte toutes les cellules qui seront notre corps manifesté dans tous ses éléments qui oscillent et vibrent à l'infini, tant que la vie l'habite. Tout cela commence avant même la naissance. Ces structures accueillantes sont diverses, du système des méridiens d'acupuncture, passant par la structure de la matrice extracellulaire, par le système nerveux (particulièrement le nerf vague), le premier régulateur, le cœur, les poumons. Cette Conscience baigne toutes les cellules. Elle peut quitter ce corps, mais garde un lien tant que l'individu est en vie. Cette chandelle temporelle, elle la portera en mémoire, pour toujours. Car la Conscience est mémoire. Par son lien avec La Conscience, notre Conscience peut même accéder à la mémoire du monde, ce que certains ont nommé Akasha qui n'est que la traduction en Sanskrit du mot « éther » mentionné de tous les temps, même par Aristote et Platon[a].

L'eau douce de la terre est toujours la même. La matière est toujours la même aussi, nous la modifions par nos expériences. Confrontée à ces limites

---

[a] Dans Cratylus, Platon disait que « l'aether a un pouvoir pénétrant qui imprègne le monde entier » et qu'il a trouvé celui-ci aussi bien à l'intérieur qu'à l'extérieur du corps humain.

matérielles, notre conscience corporelle et analytique alliée à notre Conscience commet des erreurs de discernement. Elle doit les corriger tôt ou tard et participe ainsi à une meilleure organisation et raffinement de la matière qui pourra ainsi mieux recevoir La Conscience. Manifester sa perfection et se donner les outils pour que l'Humanité puisse l'incarner fait partie du mandat de notre Conscience. À travers ces expériences, nous gardons le désir latent de nous aligner sur le but ultime de notre Conscience — être un avec la Source, La Conscience. C'est vraiment notre seul désir. Que ce soit Jésus-Christ ou Mahomet, l'enseignement était le même et provient de l'intuition d'êtres éclairés, qu'ils fussent d'Égypte ancienne, de Mésopotamie ou d'Asie.

Qu'en est-il de la conscience de notre personnalité ?

Elle n'est indépendante de celle de l'individualité qu'en apparence car elle est sensible aux émotions.

Les études en neuroimagerie révèlent que les structures du cerveau impliquées dans l'expression et la génération d'émotions existaient bien avant le système neuronal qui permet la prise de conscience et de contrôle de ces processus[119]. Dans l'évolution du cerveau humain, au lieu de raffiner des structures de l'émotion telles que le thalamus, la nature a opté pour l'ajout d'une organisation neuronale tout à fait différente ; le cortex. Les émotions, contrairement aux instincts, sont nécessaires aux fonctions cognitives supérieures du cerveau. Damasio[120] a ainsi démontré que les patients présentant des dommages au cortex préfrontal médian (premier régulateur, monde de la Réalité) éprouvent de la difficulté à ressentir et à choisir. Ils calculent de façon « objective » et froide comme si tout était mécanique et mort. C'est le danger d'un modèle social qui mise tout sur le paradigme de l'Évidence et le deuxième régulateur. Moins d'empathie, moins de ressenti. Donc nous avons deux consciences, une à l'intérieur de l'autre. Celle qui survit à la mort est celle qui est liée au monde de la Réalité. Cette Conscience-là est vaste. Elle imprègne nos cellules qui se sont formées en affinité avec elle. Cet arbre inversé dont notre corps est le tronc se divise en deux au niveau du cerveau. Il y a une conscience qui parle et communique. Elle est motivée par des émotions, l'environnement et des schémas. L'autre est une Conscience qui observe et guide de façon muette le corps et qui sonne l'alarme d'un manque de cohérence. Lorsque je pense, ce sont mes deux consciences réunies. Je me laisse gouverner par celle qui m'intéresse davantage. C'est pourquoi nous pouvons sentir qu'il y a un aspect en nous qui ne change jamais. Cette Conscience-là est celle qui s'exprime à travers notre hémisphère droit et qui est connectée à celle du Tout.

« Whatever "in love" means »

Cette phrase rendue célèbre parce qu'elle a été malencontreusement prononcée par Charles, Prince de Galles alors qu'il se fiançait à Diana Spencer a fait couler beaucoup d'encre très noire. Sa traduction « Quoi "qu'être amoureux" puisse signifier » montre bien à quel point notre paradigme de l'Évidence diminue notre capacité de « comprendre » le monde de l'hémisphère droit, le paradigme de la Réalité et l'amour véritable. Car il y a bien deux types d'amour.

Celui de l'Évidence et celui de la Réalité. Les confondre engendre bien des misères et des malentendus.

Alors, comment fait-on pour ajouter le paradigme de la Réalité, ce domaine de l'amour inconditionnel à celui que nous avons déjà ? On ne peut pas l'ajouter. Vous devez y *retourner*, et pour cela l'accepter sans condition. Ce point de vue, comme un système visuel de faucon doit prendre la plus grande place dans votre cerveau et surtout dans votre cœur. Il vous permet d'accéder à plus d'information, à voir de haut. Aussi Descartes suggérait-il de faire table rase de l'enseignement scolastique reçu et de s'immerger dans le paradigme de la Réalité. Une fois ceci réalisé, vous serez à même de retourner vers votre boîte de l'Évidence pour y faire le ménage et ne conserver que les notions qui seront encore utiles pour votre vie au sein du paradigme de la Réalité. Vous retiendrez les notions, les pensées, les sentiments et aussi les relations qui sont en harmonie avec ce paradigme plus complet et avec QUI vous êtes vraiment.

Par contre si vous viviez déjà dans le paradigme de la Réalité, ce sera facile d'y ajouter celui de l'Évidence parce que c'est ainsi que la Nature nous a conçus. C'est là le développement naturel de l'être humain. Carl Gustav Jung l'a senti lorsqu'il a affirmé que l'être humain est par essence spirituel[a]. C'est notre base, le reste c'est pour survivre sur terre.

Lorsque nous naissons, notre hémisphère droit domine. Tout est nous et nous sommes tout. Tout baigne dans l'ocytocine, le lait, le miel, la tendresse, la résonnance, la confiance, l'abandon. C'est encore le Paradis. Il n'y a pas de différence entre vous et votre mère. C'est la même chair, la même âme, le même amour. Vous êtes dans le monde de l'individualité. Votre mère est le dieu qui vous a protégé, nourri, aimé. Et vous êtes aussi ce dieu. Si votre mère connaît l'individualité, ce monde de la Réalité alors vous avez de la chance. Vos structures liées à ce monde vont se développer harmonieusement. Et vous ne perdrez pas

---

[a] Il considérait nos besoins spirituels comme « aussi réels que la faim et la peur de la mort » (Jung, 1928, « *The Spiritual Problem of Modern Man.* » dans Collected Works, Vol. 10.)

facilement votre chemin grâce à votre ancre dans ce monde de la Réalité. Elle sera comme une alarme qui vous avertira de l'incohérence dans votre vie. Vous jouirez d'une résilience à toute épreuve. Des fées se sont penchées sur votre berceau.

La psyché et l'individualité sont une à la base, c'est vrai. Ce n'est pas le cas de la personnalité, car elle est un outil qui appartient au monde mortel de l'Évidence. Séparée par la conscience physicaliste de la Conscience du Tout, elle vit dans et pour un temps et un espace fini.

Très souvent, à cause d'événements survenus pendant notre petite enfance la faculté de passer d'un paradigme à l'autre à volonté nous a quittés. Avec elle, nous avons perdu le *discernement* (lion ou gazelle ?) qui permettrait de savoir immédiatement si une situation est dangereuse ou mensongère, et comment on doit réagir. Ceux qui ont perdu ce discernement ne savent plus où est la frontière entre le bien et le mal, car la leur n'est plus en accord avec celle du Tout. Elle est en accord avec la logique des conventions sociales et avec leur personnalité. Ils suivent la masse pour se sentir en sécurité. Ils errent, mais ils ne s'en rendent pas compte (anosognosie). Les structures atteintes chez un psychopathe, par exemple, sont des structures qui permettent un lien avec le paradigme de la Réalité, soit le cortex préfrontal ventromédian, orbitofrontal et le cortex cingulaire antérieur[121]. Et certainement avec leur nerf vague.

Une caractéristique donnée par l'hémisphère gauche c'est de se sentir une île complète en soi. Il fait ses propres lois et ses propres choix sans l'accord de l'ensemble. Il peut excuser ses choix en toute logique en se référant au monde de l'Évidence. Il peut se débrouiller tout seul. Il n'a besoin de personne. Donc il ne risque rien. Mais c'est faux, car sans le savoir et parce qu'il ne connaît pas autre chose, il survit, mais *il ne vit pas*. Il est *emprisonné*, mais il ne le sait pas. C'est l'allégorie de la caverne de Platon (voir p. 17).

Comment, alors, retrouver la porte auréolée de lumière du monde de la Réalité? Ailleurs, je disais qu'il fallait commencer par aimer, ce qui n'est pas si simple. C'est une grâce que de pouvoir vraiment aimer. On s'intéresse sincèrement, puis on s'attache à une pierre, une plante, un insecte, le vent, la pluie, le soleil, puis on remonte à partir de là. Les sens doivent être impliqués. Certains, malheureusement pour eux, se sont limités aux seules relations physiques et aux multiples positions et outils pour ressentir un peu cette fusion. Mais cela n'est que le b-a-ba de l'amour. Et beaucoup ne vont pas plus loin que cette première classe en la répétant jour après jour. C'est pour eux la seule étincelle disponible pour se lier et furtivement peut-être ressentir ce qu'être en contact avec le paradigme du cercle signifie. Changer prend du temps.

Lorsqu'on est amoureux et qu'on a l'impression (c'est plus qu'une impression d'ailleurs) que l'autre c'est moi, c'est cela être dans l'hémisphère droit et dans le monde de l'individualité. Attention, je n'ai pas dit « l'autre est comme moi ». La nuance est importante. Cette légèreté efface toutes les difficultés, ne laissant plus que nos échanges de regards empreints de complicité, de tendresse, de confiance, de résonnance et de ciel. Seul le cœur peut nous ouvrir les portes de ce paradis. On ne peut y arriver par des techniques, des drogues ou le désir de ressentir quelque chose d'extraordinaire. C'est une extase vécue à deux qui n'a rien à voir avec les spasmes ou orgasmes. Le temps est suspendu, par chaque geste vous vivez une expansion plus grande, incorporelle. Vous devenez, et vous êtes entouré de milliers de minuscules fleurs blanches ou d'un champ d'étincelles conscientes, à l'infini ; ce sont vos cellules et celles du cercle. Tout y est expansion. Votre conscient s'est effacé pour vous permettre de goûter l'infini et l'éternité du cercle. Votre conscient n'est plus conscient ; vous êtes dans l'expérience immédiate de cet état d'être. Si vous l'analysez, tout s'évanouira, sauf une mémoire indélébile et cellulaire de ce que vous venez de vivre. Vous avez cessé d'exister, mais vous existez beaucoup plus qu'avant. Sans l'amour de l'individualité, il est impossible d'atteindre cet état, ce sommet. C'est le cadeau du cercle à ceux qui y vivent.

Puis la personnalité avec son hémisphère gauche reprend finalement ses droits parce que nous sommes aussi pétris de terre et de son paradigme de l'Évidence. Cet amour vaut-il la peine ou le coût ? Ceux qui l'ont vécu doivent régulièrement réaffirmer ce « oui » et apprennent ensemble à passer de façon fluide d'un monde à l'autre à l'intérieur du paradigme de la Réalité. Ils sont simplement heureux. Leur relation dépasse le temps et l'espace. Ils seront toujours unis, même si la vie sur terre devait les séparer un jour, même si leur fonction les emmenait vers un autre amour qui sera lui aussi vécu à la fois au sommet de la montagne de l'individualité et les pieds sur terre.

Quoi qu'il advienne, l'amour véritable (pour un être visible ou invisible) ne sera jamais une perte ou une faille, car il est le seul qui puisse nous mener à comprendre qui nous sommes. Un être humain recherche instinctivement la signification de son existence, ne serait-ce qu'inconsciemment. Pour cela, il recherche l'amour vrai (paradigme de la Réalité) ou la situation sociale (paradigme de l'Évidence) ou les deux. Mais ce type d'amour est la base première, car il est le seul à pouvoir harmoniser nos différents étages et à les diriger vers la même direction. Sans cet amour, vous êtes comme un conducteur de char tiré par quatre chevaux qui vont dans des directions différentes. Un amour à donner ou un amour à recevoir, mais de l'amour toujours qui est une reconnaissance de la Réalité.

Nous cherchons un amour qui soit du paradigme de la Réalité et non « l'amour » du chasseur pour sa délicieuse proie qui n'est que « calcul » du monde de l'Évidence. La distinction est difficile à faire pour ceux qui n'ont que les médias comme instructeurs à ce sujet. Cet amour de la Réalité ne se limite pas à être bien au chaud ensemble dans un cocon, séparé du monde. Tout comme l'individualité, il ne se réalise pleinement que par l'action dans la communauté du « nous », soit par la naissance d'enfants ou par l'action dans le monde, ou les deux, car il veut croître et se multiplier ; il est expansion. Certains me diront qu'ils n'ont pas trouvé la personne leur permettant d'accéder au cercle de cette façon. Cette expérience vous pouvez aussi la vivre parfois par le truchement de la Nature. L'écrivain Stephen Harper dans son livre « The Way of the Wilderness », décrit ainsi son expérience (ma traduction):

> *« Lors d'un voyage en canot de deux mois à travers les Territoires du Nord-Ouest du Canada (…) Vers la fin d'une longue journée à pagayer, le soleil était bas dans le ciel et mon esprit avait cessé son bavardage habituel [donc son hémisphère droit dominait]. J'ai eu la sensation de devenir ma pagaie et tout ce qui m'entourait. À chaque coup de pagaie, j'étais invité à fusionner avec mon expérience jusqu'à ce que "je" ne sois plus. Seule la perception existait, une perception qui était plus complète, plus entière que toutes celles que j'ai connues dans un état de conscience normal. »*

Malgré nos blessures, nous pouvons tous nous rapprocher puis un jour consciemment nous baigner dans cet océan d'Amour de la Réalité. Comme le faisait remarquer un pèlerin sur la route de Compostelle :

> *« De décrire mon expérience et ce que j'ai découvert par ce pèlerinage serait comme de vouloir décrire le ciel ou la couleur bleue à un aveugle. »*

J'espère quand même avoir un peu réussi, car au fond de nous tous, ainsi que dans chacune de nos cellules, vit le modèle nous liant à l'océan d'Amour de la Réalité. C'est pourquoi nous le recherchons, inlassablement.

Détail du sarcophage de Nespawershepi. La barque de Ré.

CONCLUSION

« Nous avons un besoin urgent d'une vérité ou d'une compréhension du soi semblable à celle de l'Égypte ancienne. »

— Carl Gustav Jung.[122]

En Égypte ancienne, le recours à une mythologie universelle par l'adoption de Maât[a] comme principe et comme système unificateur permit aux Égyptiens d'embrasser la diversité des besoins complexes associés à un état composé de citoyens d'horizons variés aux buts souvent opposés. Comment ? Leur modèle était complet et en harmonie avec les lois de la Nature. Pour que l'harmonie existe,

---

[a] L'ordre implicite qui exprime le modèle ici-bas à travers le Prana, QI ou aether. En Égypte elle est représentée par une plinthe, une base sous les statues et les pyramides et dans les dessins. Elle soutient les dieux et toute manifestation.

le gouvernement doit s'appuyer, se justifier, et exprimer un système universel [a]donc complet. La Nature et le cerveau de l'humain portent ce modèle. Ses règles simples sont applicables à tous. Si l'ordre universel et cohérent exprimé par un concept tel celui de Maât n'est pas suivi, alors nous nous retrouvons automatiquement avec celui d'Isfet : le chaos, les mensonges, le déni, la corruption, la violence et la misère physique et morale. Alors, le cercle et sa Conscience, source de vie et d'Amour ne peuvent être exprimés ; tout finit par perdre sa cohésion, se désintégrer et mourir.

En tout humain réside un être pensant universel (car lié au maître modèle de la Nature), indépendant de l'organisme biologique et du personnage social, qui dépasse sa destinée temporelle. Cet être pensant, dit, tout comme dans le mythe *Gorgias* de Platon : « le réel, c'est l'invisible ». Le visible, lui, n'est pas la totalité de la réalité, mais seulement la partie dont nous avons pris connaissance.

---

[a] C'est-à-dire présent dans le maître-modèle et donc dans le cerveau de tout humain.

Imaginez pour quelques heures, en quelque jeu de rôle de l'enfance que tout autour de vous la terre est sacrée, que l'histoire d'êtres fabuleux, de dieux, se mêle à la vôtre, à votre famille, à l'endroit où vous êtes né. Voyez les éléments de la nature et ce qui vous nourrit comme le résultat d'une Conscience qui a conscience de vous. Percevez les éléments du vent, de l'eau, de la terre et du feu, comme imbus d'une conscience. Ainsi vivaient les Égyptiens de l'Antiquité. Tous, même s'ils ne possédaient rien au monde, pouvaient bénéficier d'une identité, d'un nom secret, par le seul fait d'être né.

Voilà un exercice salutaire et révélateur qui nous fait passer d'une dominance de l'hémisphère gauche du cerveau à une collaboration des deux hémisphères. Nos neurones miroirs, ces outils d'imitation, stimulés, éveillent un état de paix en nous. Les mythologies nous permettent ainsi une visualisation salutaire, car elles font vibrer des vérités qui vivent dans notre inconscient.

Que peut nous enseigner alors un mythe fondateur d'une civilisation qui a perduré plus de trois mille ans ? Pour illustration, j'utiliserai l'image mythologique de la barque du soleil, nommée également la barque de Re. Mais tout d'abord, résumons le mythe. Dans l'ennéade égyptienne[a], 5 dieux sont nés « sur terre ». Ils sont donc les archétypes de nos aspects fondamentaux : émotionnel, spirituel, mental, social et physique. Le premier, Osiris, celui aux mille yeux représente (entre autres) notre personnalité dans son aspect lié à la Nature. Il est associé à notre monde *émotionnel.* Étant l'ainé il règne sur terre. Or son frère, Seth, le troisième, celui qui en naissant a déchiré le flanc de sa mère, se meurt de jalousie. Il veut être celui qui contrôle tout et domine tout, car il régule le monde physique. Il finit par assassiner Osiris son frère en le noyant puis en le découpant en plusieurs morceaux qu'il éparpilla. Avec le développement de nos lobes préfrontaux, il est devenu le nouveau représentant principal pour exprimer notre personnalité. Il dissocie

---

[a] Voir mes autres livres sous le nom d'Ariane PAGE. Vous ne trouverez pas cette interprétation chez les égyptologues car elle nécessite impérativement la connaissance du modèle de la Nature. Cependant, leurs découvertes ne peuvent contester mon interprétation.

notre être complet. Il est associé à notre *mental analytique qui sépare et divise* et ainsi apporte la mort. Le second né, c'est l'enfant qui sera nommé Horus, car il vient de très loin, de l'au-delà du temps et de l'espace. Bien que potentiellement incarné, il ne peut naître ici et en nous, que lorsque son père Osiris le générera, grâce à la quatrième née, la belle Isis. Isis et Horus, c'est la Vierge et son enfant qui sauvera le monde. Horus représente notre identité profonde, cet aspect éternel et donc *spirituel* de nous qui dépasse le temps et l'espace et porte le maître modèle au plus près. Il régule les énergies invisibles, la psyché. Il porte le sceau, le compas dans son cœur. Seth veut le détruire, car avec la mort d'Osiris, c'est à Horus que revient le trône. Isis représente la Nature, elle permet la circulation des énergies. Seth l'ignore et la méprise, car elle est la représentante de la cohérence dans l'Univers et appartient au Grand Cercle de la Réalité ; pour lui, elle n'existe pas. Enfin, la dernière-née, Nephtys représente notre aspect *physique* (pas nécessairement matériel). Elle sera l'épouse de Seth, celui qui ne distingue pas les genres. Ils vivront sans progéniture et ne seront jamais heureux. Dans le mythe, Isis guidée par la Conscience ligote finalement Seth. Il ne sera libéré que lorsqu'il acceptera enfin la fonction essentielle d'Horus. Il est dit dans les textes anciens que seuls Seth et Horus *travaillant ensemble et unis vers un même but* pourraient sauver l'humanité. Les deux transportent Ré, la Conscience dans une barque céleste.

L'illustration de la barque pour sa part nous enseigne que Seth, à l'avant du bateau, doit toujours avoir l'œil sur les forces chaotiques. Il ne doit pas descendre dans ces eaux subconscientes et purement destructrices[a], il doit les contrôler de sa lance, de son attention. C'est pourquoi il régule le monde matériel. Il choisit. Il ne gouverne pas, car ce n'est pas son rôle, sa tâche demande toute sa concentration. Il représente le deuxième régulateur de notre cerveau et utilise le paradigme de l'Évidence. Pour permettre notre survie, il doit donc impérativement avoir du discernement

[a] Il faut discerner ces forces génitales brutes (viol) physiques de domination de celles qui forment la sexualité de quelqu'un. Avoir une relation sexuelle implique plus que les organes génitaux.

dans ses choix. Horus est à l'arrière du bateau et tient le gouvernail, silencieux. Il possède le compas, donc ce qui permet le discernement. Il connaît intuitivement la direction que la barque du soleil doit suivre. Si Seth par soif de contrôle veut dominer Horus et prendre le gouvernail, les forces chaotiques vont submerger et détruire la barque. De plus, Seth ne connaît pas la direction à suivre. Donc il doit accepter la fonction primordiale d'Horus même si celui-ci est muet et vient d'ailleurs, même s'il n'en impose pas par sa présence physique. Horus, parce qu'il gouverne, ne s'occupe pas du monde matériel, sa fonction est de nous mener à la source de tout en régulant toutes les énergies invisibles et leur information. Il représente notre premier régulateur intimement lié à notre cœur. Il connaît la cohérence, car il vit dans le paradigme de la Réalité et son éternité. Il a tout son temps. Seth ne vit que dans le monde de l'Évidence ; il mourra bientôt.

On pourrait dire que globalement et sur un plan personnel, pour l'instant, Seth a combattu Horus sans relâche. Seth parce qu'il ne suit pas ce qui est écrit dans le maître modèle est tombé et nage à côté de la barque.

Il est à la merci de toutes les forces destructrices. Si nous ne voulons pas périr, il est urgent de remonter dans la barque. Maintenant. Nous souvenir du paradigme de la Réalité.

La majorité des récipiendaires du prix Nobel en physique désormais ne se définissent *plus* comme étant athées. Même des scientifiques chevronnés montrent que notre univers serait impossible sans cet ancien paradigme perdu. De continuer à le nier nous enferme dans la matière, loin de l'Amour inconditionnel. Ceci nous transforme, dans une certaine mesure, en êtres manipulateurs, fixés sur l'économie, le sexe et le contrôle[a] ; nous chutons, tête première dans le chaos. La sortie de ce labyrinthe ne se trouve que par un changement de paradigme personnel et par un regroupement planétaire pour redonner sa cohérence à la Nature que nous avons dépouillée. Ce serait là une grande révolution spirituelle; la seule qui puisse assurer non seulement notre survie mais aussi

[a] Voir Léonard de Vinci L'homme de Vitruve.

notre bonheur. André Malraux, ministre de la Culture sous Charles de Gaulle a suggéré[a] :

« Si le prochain siècle (XXI) devait connaître une révolution spirituelle, ce que je considère comme parfaitement possible, je crois que cette spiritualité relèverait du domaine de ce que nous pressentons aujourd'hui sans le connaître, comme le XVIIIe siècle a pressenti l'électricité grâce au paratonnerre. Alors qu'est-ce que pourrait donner un nouveau fait spirituel (…) vraiment considérable ? Il se passerait évidemment ce qui s'est passé avec la science. » [123]

Oui, ce serait enfin le *vrai* siècle des Lumières. La clef du Paradis serait gravée dans nos cœurs et dans nos consciences à tout jamais. Ce sceau du modèle de la Nature, ce signe d'union universelle, maintenant perceptible à nos fronts éclairés, brillerait de tous ses feux dans la nuit, telle une étoile. Je nous le souhaite ardemment, à nous tous, mais surtout à nos enfants, à nos petits-enfants, et à la Nature.

---

[a] Propos échangés avec son ami et traducteur, le Japonais Tadao Takemoto.
https://www.lesoir.be/art/1136269/article/soirmag/soirmag-histoire/2016-02-29/xxie-siecle-sera-religieux-ou-ne-sera-pas

RÉFÉRENCES

(À noter : la plupart de mes références sont en langue anglaise)

---

[1] https://www.medicalnewstoday.com/articles/327341.

[2] https://hal.univ-lorraine.fr/hal-01732734/document.

[3] John MILTON, *Le Paradis perdu* (1667 et 1674), (trad. François-René de Chateaubriand), éd. Renault et Cie, 1861, Livre premier, p. 7-8 et cons.

[4] Ariane PAGE, *Homme... Femme... un Nouveau Regard : Le Code Invisible de la Nature et du Cerveau humain — volume 1,* Seagreen Star Books, Montréal, 2017, chapitre 5.

[5] Antonio DAMASIO, *Descartes Error: Emotion, Reason, and the Human Brain,* New York: Avon Books 1995.

[6] Aaron ANTONOVSKY et Talma SOURANI, 'Family Sense of Coherence and Family Adaptation,' *Journal of*

Marriage and Family, Vol. 50, No. 1 (Févr, 1988), pp. 79–92 (14 pages) National Council on Family Relations. https://doi.org/10.2307/352429.

[7] W. TAMAYO-AGULEDO, A. ACOSTA-ORTIZ, A. HAMID, et al. 'Family functioning but not social capital is associated with better mental health in adolescents affected by violence and displacement by armed conflict in Colombia.' *International Journal of Social Psychiatry.* September 2021. doi: 10.1177/00207640211045417

[8] https://www.lemonde.fr/sciences/article/2021/09/27/a-quoi-ressemblera-la-medecine-en2031_6096201_1650684
« D'abord, il y a une tendance de fond à la chronicisation des maladies et à la complexification de la médecine. En France, selon les données de l'Assurance-maladie, de 30 % à 40 % des personnes âgées de 75 ans ou plus prennent au moins dix médicaments différents par jour. » (Souvent 10 X 3) Clément GOEHRS, médecin en santé publique, cofondateur de Synapse Medicine.

[9] D. FIDO, A. REES, P. CLARKE, D. PETRONZI, M. RICHARDSON, "Examining the connection between nature connectedness and dark personality," *Journal of Environmental Psychology,* Volume 72, 2020, pp.101,499, ISSN 0272-4944, En ligne: https://doi.org/10.1016/j.jenvp.2020.101499.

(https://www.sciencedirect.com/science/article/pii/S0272494420306642).

[10] En ligne : https://www.ledroit.com/actualites/covid-19/covid-19-le-patron-de-loms-previent-quun-vaccin-ne-suffira-pas-bf1309212431c8c5ea4aa8fed695479c.

[11] POORTMAN, J.J. (1978). *Vehicles of Consciousness: The Concept of Hylic Pluralism.* Utrecht: Theosophical Publishing House.

[12] https://www.science-et-vie.com/ciel-et-espace/univers-et-cerveau-humain-leur-structure-est-tres-similaire-60176

[13] https://www.science-et-vie.com/cerveau-et intelligence/incroyables-neurones-36962

[14] https://www.sciencesetavenir.fr/sante/cerveau-et-psy/la-memoire-modifie-l-expression-de-nos-genes_132520

[15] F. FREUD *Interprétation des rêves*, 1900.

[16] Pour une défense récente de ce point de vue répandu et maintenant accepté : Gordon PENNYCOOK, Wim De NEYS, Jonathan St. B.T. EVANS, Keith E. STANOVICH, Valerie A. THOMPSON, 'The Mythical Dual-Process Typology,' *Trends in Cognitive Sciences,* Volume 22, Issue 8, 2018, Pages 667–668, ISSN 1364–6613, En ligne : https://doi.org/10.1016/j.tics.2018.04.008. Ainsi que l'ouvrage *In Two Minds* aux éditions Oxford, pour plus de

détails.(https://www.sciencedirect.com/science/article/pii/S1364661318300998).

[17] I TROPE, P ROZIN, D KEMLER-NELSON, RC GUR 'Information processing in the separated hemispheres of callosotomypatients: does the analytic-holistic dichotomy hold?' *BrainCogn*1992; 19:123–147.

[18] B SHI, X CAO, Q CHEN, K ZHUANG, J QIU (2017). 'Different brain structures associated with artistic and scientific creativity: a voxel-based morphometry study.' *Scientific reports*, *7*, 42,911. https://doi.org/10.1038/srep42911https://www.ncbi.nlm.nih.gov/pmc/articles/PMC5318918/.

[19] En Anglais : https://www.ecstadelic.net/top-stories/the-unified-field-and-the-quantum-nature-of-consciousness.

[20] SMEETS, GUUS, Harald MERCKELBACH. 'Panic Disorder and Right-Hemisphere Reliance.' *Anxiety, Stress & Coping* 10, no. 3 (November 1997): 245. https://search-ebscohost.com.uoro.idm.oclc.org/login.aspx?direct=true&db=s3h&AN=3963582&site=eds-live.

[21] C.G.JUNG Psychology & Religion p.18

[22] En ligne : http://www.reportlinker.com/p0360446/Schizophrenia-Market-Forecast.html.

[23] OJ WOUTERS (2020). "Lobbying Expenditures and Campaign Contributions by the Pharmaceutical and

Health Product Industry in the United States, 1999–2018." *JAMA internal medicine, 180* (5), 688–697. https://doi.org/10.1001/jamainternmed.2020.0146. https://www.ncbi.nlm.nih.gov/pmc/articles/PMC7054854

[24] AR MAWSON, AM CROFT, 'Multiple Vaccinations and the Enigma of Vaccine Injury.' *Vaccines* (Basel). Nov. 12, 2020 ; 8 (4) :676. doi: 10.3390/vaccines8040676. PMID : 33 198 395 ; PMCID : PMC7712358.

[25] Attribué à Einstein par Madame Born. Paraphrasé dans le livre *Einstein* par Clark (R.W.), 1984, p.243. https://todayinsci.com/E/Einstein_Albert/EinsteinAlbert-Science-Quotations.htm.

[26] J. De FREITAS et coll. « Is there universal belief in a good true self? » Juin 2017 *Trends in Cognitive Sciences* 21 (9). En ligne : https://www.researchgate.net/publication/317391020_Origins_of_the_Belief_in_Good_True_Selves.

[27] https://www.cell.com/neuron/fulltext/S0896-6273 (14) 00391-2.

[28]https://www.newworldencyclopedia.org/entry/Henri_de_Saint-Simon.

[29]https://www.rebelnews.com/interview_dr_byram_bridle_leading_viral_immunologist_and_vaccinologist_on_covid-19_vaccines

[30]https://www.lemonde.fr/planete/article/2020/11/26/anxiete-depression-stress-post-traumatique-la-pandemie-de-covid-19-a-un-fort-impact-sur-la-sante-mentale_6061148_3244.html

[31] L. LUMINEAU « L'université d'Amiens dépassée par la détresse psychologique de ses étudiants » *Journal Le Monde,* 14 février 2021.
[32] Mariji VAN STRIEN (2020) « Bohm's Theory of Quantum Mechanics and the Notion of Classicality. » *Studies in History and Philosophy of Modern Physics* 71 (August): 72–86. doi:10.1016/j.shpsb.2020.04.005.
[33] (Anglais) Vidéo par la neuroscientifique Jill Bolte TAYLOR sur son expérience et ses connaissances concernant le point de vue de nos deux hémisphères cérébraux (en anglais) My stroke of insight | Jill Bolte Taylor, vidéo en ligne https://www.youtube.com/watch?v=UyyjU8fzEYU&pbjreload=101.Et https://www.youtube.com/watch?v=PEzzZ__ccgQ (2017).
[34]https://www.ted.com/talks/jill_bolte_taylor_my_stroke_of_insight?language=en.
[35] https://www.erudit.org/fr/revues/dss/2017-v16-n2-dss03259/1041854ar/
[36] https://www.theguardian.com/science/2015/mar/19/do-your-genes-determine-your-entire-life.
[37] https://www.jstor.org/stable/40901316?seq=1.
[38] David BOHM (1988) *A Realist View of Quantum theory, in Microphysical Reality and Quantum Formalism*, ed. Alwyn van der Merwe et al. p. 3.
(PDF) Bohm's approach and individuality. En ligne :

https://www.researchgate.net/publication/275329350_Bohm%27s_approach_and_individuality.

[39] Joseph MOREAU *Le Sens du Platonisme*, Les Belles Lettres, Paris 1967, p.268.

[40] Jean-Claude DARRAS, Pierre de VERNEJOUL et Pierre ALBARHDE. 'A Study on the Migration of Radioactive Tracers After Injection at Acupoints,' *American Journal of Acupuncture,* Vol. 20, No. 3, 1992, C.H.U. Necker – Enfants Malades, F-75 743 Paris Cedex 15, France. Liste d'articles attestant l'existence de méridiens d'énergie. Compilation par Fred Gallo, PhD. http://www.aipro.info/drive/File/EVIDENCE%20OF%20MERIDIANS.pdf.

[41] Jean 10:34

[42] Archive INA : En 1953 Raymond QUENEAU parle du goût de Descartes pour le rêve et le concret. RTF 01/12/1953. En ligne : https://www.franceculture.fr/emissions/une-vie-une-oeuvre/rene-descartes-1596-1650-rediffusion-de-lemission-du-1er-septembre-2009-0.

[43] Maurice BLONDEL « Le Christianisme de Descartes » *Revue de Métaphysique et de Morale,* Tome IV (n° 4, 1896), pp. 551-567. En ligne au : http://classiques.uqac.ca/classiques/blondel_maurice/christianisme_descartes/christianisme_descartes_texte.html.

---

[44] Ilyas, ADEEL, Emilia TOTH, Diana PIZARRO, Kristen O RILEY, Sandipan PATI. 'Modulation of Neural Oscillations by Vagus Nerve Stimulation in Posttraumatic Multifocal Epilepsy: Case Report.' *Journal of Neurosurgery*, November 1, 2018, 1–7. doi:10.3171/2018.6.JNS18735.

[45] BERKE, Jd. 'Fast oscillations in cortical-striatal networks switch frequency following rewarding events and stimulant drugs'. Journal Européen d'Euroscience.2009 ; Volume 30, Issue 5, p.848–859 Sur Internet : http://onlinelibrary.wiley.com/doi/10.1111/j.1460 9568.2009.06843.x/abstract.

[46] Charles M. GRAY, 'Synchronous oscillations in neuronal systems: mechanisms and functions.' *Journal of Computational Neuroscience* 1, 1994; pp.11–38. http://link.springer.com/article/10.1007/BF00962716#page-1.

[47] J. Thomas GOULD, 'Addiction and Cognition', *Science Daily*, 2010. https://www.ncbi.nlm.nih.gov/pmc/articles/PMC3120118/.

[48] M ARNS, S de RIDDER, U SREHL, M BRETELER, et A COENEN, (2009). Efficacy of neurofeedback treatment in ADHD: the effects on inattention, impulsivity and hyperactivity: a meta-analysis.

Clin. EEG Neurosci. 40, 180–189. doi: 10.1177/155005940904000311

[49] https://www.franceculture.fr/sciences/une-nouvelle-artere-dans-nos-bras-letre-humain-continue-bien-devoluer.

[50] J.P. VIGIER et al. http://adsabs.harvard.edu/full/1982AN....303...55V ainsi que les textes d'Einstein à ce sujet et M.HAWTON, L. SANCHEZ-Soto, G. LEUCHS. «The linear optical response of the quantum vacuum. » *arXiv: Quantum Physics (2016)*

[51] Albert EINSTEIN « *Ether and the Theory of Relativity* » (1920), republié dans Sidelights on Relativity (Methuen, London, 1922). Sur Internet: http://www.orgonelab.org/EtherDrift/Einstein1920.pdf.

[52] TIANJUN, Liu, 'The scientific hypothesis of an energy system in the human body', *Journal of Traditional Chinese Medical Sciences*, Volume 5, Issue 1, 2018, Pages 29–34, ISSN 2095–7548, https://doi.org/10.1016/j.jtcms.2018.02.003. (https://www.sciencedirect.com/science/article/pii/S2095754818300358).

[53] https://www.futura-sciences.com/sante/actualites/medecine-chiens-sont-capables-detecter-cancer-97-fiabilite-46305/

[54] https://www.quebecscience.qc.ca/sciences/snif-snif-ca-sent-le-cancer/.

---

[55]https://www.espacesciences.org/sciencesouest/293/actualite/cancer-ces-cellules-qui-echappent-a-la-mort.

[56] PEREYRA, PM., W. ZHANG, M. SCHMIDT et L. E. BECKER. « Development of myelinated and unmyelinated fibers of human vagus nerve during the first year of life. » *J. Neurol. Sci.,* Juillet 1992; 110 (1–2): p.107–113. https://www.ncbi.nlm.nih.gov/pubmed/1506849

[57] Sato, Wataru, Takanori Kochiyama, Shota Uono, Yasutaka Kubota, Reiko Sawada, Sayaka Yoshimura, et Motomi Toichi. 2015. "The Structural Neural Substrate of Subjective Happiness". *Scientific Reports* 5 (1). Doi:10.1038/srep16891. en français : https://www.futurasciences.com / santé/actualités/cerveau-cerveau-précunéus-serait-il-zone-bonheur -60608/.

[58] PETERS JH, GALLAHER ZR, RYU V, CZAJA K., "Withdrawal and restoration of central vagal afferents within the dorsal vagal complex following subdiaphragmatic vagotomy". *J Comp Neurol.* (2013) 521:3584–99. 10 .1002/cne.23374

[59] Shin-Ichi ITO, "The electrophysiological evidence for projections of myelinated and non-myelinated primary vagal afferents to the rat insular cortex", *Neuroscience Letters,* Volume 179, Issues 12, 1994, Pages 29–32, ISSN 0304-3940,https://doi.org/10.1016/0304-3940 (94)90927-

X.(https://www.sciencedirect.com/science/article/pii/0304394094 90927X)

[60] TSAKIRIS, Manos, CRITCHLEY, Hugo, 'Interoception beyond homeostasis: affect, cognition and mental health', Phil. Trans. R. Soc. 2016, B3712016000220160002 http://doi.org/10.1098/rstb.2016.0002.

[61] PORGESS, SW, DOUSSARD-ROOSEVELT, JA, MAITI, AK. *Vagal tone and the physiological regulation of emotion.* Monogr. Soc. Res. Child Dev. 1994; 59 (2–3):167-86. PMID: 7, 984,159. https://pubmed.ncbi.nlm.nih.gov/7984159/.

[62] Rokia GHCHIME, Halima BENJELLOUN, Hajar KIAI, Halima BELAIDI, Fatiha LAHJOUJII, Reda OUAZZANI, 'Cerebral Hemispheric Lateralization Associated with Hippocampal Sclerosis May Affect Interictal Cardiovascular Autonomic Functions in Temporal Lobe Epilepsy', *Epilepsy Research and Treatment*, vol. 2016, Article ID 7,417,540, 7 pages, 2016. https://doi.org/10.1155/2016/7417540.

[63] Pour une bonne description de base, voir https://www.consoglobe.com/nerf-vague-cg. Le nerf vague fournit des fibres parasympathiques motrices à tous les organes, à l'exception des glandes surrénales (surrénales), du cou jusqu'au deuxième segment du côlon transverse.

---

[64] FIELD, T., DIEGO, M. (2008). 'Vagal activity, early growth and emotional development'. *Infant behavior & development, 31* (3), 361–373. https://doi.org/10.1016/j.infbeh.2007.12.008.

[65] STUSS (D.T.), KNIGHT (R.T.). *Principles of Frontal Lobe Function.* Oxford: Oxford University Press. 2013.

[66] GILBOA (A.), ALAIN (C.), HE (Y.), STUSS (D. T.), MOSCOVITCH (M.). 'Ventromedial Prefrontal Cortex Lesions Produce Early Functional Alterations during Remote Memory Retrieval.' *Journal of Neuroscience* 29 (15) 2009:4871–4881. doi:10.1523/jneurosci.5210-08.2009.

[67] ROLLS, Edmund T. « The Functions of the Orbitofrontal Cortex ». *Brain and Cognition* 55 (1): 2004, p.11–29. Doi:10.1016/s0278-2626 (03)00277-x.

[68] BUCHANAN, T. W., DRISCOLL, D., MOWRER, S. M., SOLLERS, J. J., 3rd, THAYER, J. F., KIRSCHBAUM, C., TRANEL, D. (2010). "Medial prefrontal cortex damage affects physiological and psychological stress responses differently in men and women". *Psychoneuroendocrinology, 35* (1), 56–66. https://doi.org/10.1016/j.psyneuen.2009.09.006

[69] WALKER (B.B.), SANDMAN (C.A.), 'Visual Evoked Potentials Change as Heart Rate and Carotid Pressure

Change,' *Psychophysiology* 19, no. 5, septembre 1982, 520–527.

[70] JAMES, W (1884). What is an Emotion? Mind 9:188–205.

[71] EVANS (J.B.T.), STANOVICH (K.E.), 'Dual-Process Theories of Higher Cognition.' *Perspectives on Psychological Science*, 2013, 8 (3): 223–241.

[72] EVANS, J.ST.B.T. (2006). 'The heuristic-analytic theory of reasoning: Extension and evaluation'. *Psychonomic Bulletin and Review*, **13**, p. 378-95.

[73] SHIINO, A., CHEN, YW. TANIGAKI, K. *et al.* 'Sex-related difference in human white matter volumes studied: Inspection of the corpus callosum and other white matter by VBM.' *Sci Rep* **7**, 39,818 (2017). https://doi.org/10.1038/srep39818.

[74] McGILCHRIST, Iain (2018). *The Master and His Emissary.* Yale University Press.

[75] ARNONE, D., McINTOSH, A. M., Tan, G. M. Y., et EBMEIER, K. P. (2008). « Meta-analysis of magnetic resonance imaging studies of the corpus callosum in schizophrenia ». *Schizophrenia Research, 101* (1–3), 124–132. https://doi.org/10.1016/j.schres.2008.01.005.

[76] KANDEL (E.R.), SCHWARTZ (J.H.), JESSELL (T.M.). 1995. *Essentials of Neural Science and Behavior.*

Norwalk, CT: Appleton & Lange. et: GAZZANIGA (M. S.) 1998. 'The Split Brain Revisited'. *Scientific American* 279 (1): 50–55. doi:10.1038/scientificamerican0798-50

[77] JING (C. G.), *Correspondance* 1950-1954, Paris, Albin Michel SA, Paris, 1994, p.36.

[78] GOLDBERG, Elkhonon. *The New Executive Brain: Front Lobes in a Complex World*, New York: Oxford University Press, 2009. p.48.

[79] Andrea E. CAVANNA, Michael R. TRIMBLE, 'The precuneus: a review of its functional anatomy and behavioural correlates', *Brain*, Volume 129, Issue 3, March 2006, Pages 564–583, https://doi.org/10.1093/brain/awl004.

[80] HEBSCHER, M, MELTZER JA, GILBOA, A. "A causal role for the precuneus in network-wide theta and gamma oscillatory activity during complex memory retrieval." *Elife.* 2019 Feb 11; 8:e43114. doi: 10.7554/eLife.43114. PMID: 30741161; PMCID: PMC6397002. https://www.ncbi.nlm.nih.gov/pmc/articles/PMC6397002.

[81] SATO, W., KOCHIYAMA, T., UONO, S., SAWADA, R., KUBOTA, Y., YOSHIMURA, S., TOICHI, M. (2019). "Resting-state neural activity and connectivity associated with subjective happiness." *Scientific reports, 9* (1), 12 098.

https://doi.org/10.1038/s41598-019-48510-9 https://www.ncbi.nlm.nih.gov/pmc/articles/PMC6702218/pdf/41598_2019_Article_48510.pdf.

[82] MacLEAN, PD: Brain evolution relating to family, play, and the separation call. Arch Gen Psychiatry 1985; 42:405–417.

[83] OBLADEN, Michael. 2012. 'In God's Image? The Tradition of Infant Head Shaping ". Journal of Child Neurology 27 (5): 672–680. https://journals-sagepubcom.uoro.idm.oclc.org/doi/10.1177/0883073811432749.

[84] Sigmund FREUD, 'Lines of Advance in Psycho-Analytic Therapy,' from *Narcissism: A New Theory* by Neville Symington (London, 2003), 110.

[85] MILNE (E.); GRAFMAN (J.), « Ventromedial prefrontal cortex lesions in humans eliminate implicit gender stereotyping. » *The Journal of Neuroscience* 21 (12): RC150. 2001.

[86] BURKE, S.M., MANZOURI, A.H., SAVIC, I. 'Structural connections in the brain in relation to gender identity and sexual orientation.' *Sci. Rep* **7,** 17,954 (2017). https://doi.org/10.1038/s41598-017-17352-8. https://rdcu.be/ckDUq.

[87] GOLDBERG (E.) *The New Executive Brain*, New York: Oxford University Press, 2009.

---

[88] POULET (E.), BRUNELIN (J.) « La stimulation du nerf vague : une nouvelle approche pour les dépressions résistantes ? » Dossier thématique. *La Lettre du psychiatre* — Vol. II — n° 4 — septembre 2006. Sur Internet : http://www.edimark.fr/Front/frontpost/getfiles/12383.pdf.

[89] JANCKE, L. 'Music drives brain plasticity.' F1000 *Biol. Rep.* 2011, 1, 78. ET BLAKE, D.T., MA. HEISER, M. CAYWOOD, MM. MERZENICH. « Experience – dependent adult cortical plasticity requires cognitive association between sensation and reward. » *Neuron* 52, 2006 p.371–381.

[90] David SHANNAHOFF-KHALSA, "Lateralized rhythms of the central and autonomic nervous systems", *International Journal of Psychophysiology*, Volume 11, Issue 3, 1991, Pages 225–251, ISSN 0167-8760, https://doi.org/10.1016/0167-8760 (91) 90017-R. (https://www.sciencedirect.com/science/article/pii/016787609190017R).

[91] Drs Ruud M BUIJS, Felix KREIR 'Le syndrome métabolique, une maladie cérébrale ?', Universidad Veracruzana, Xalapa, Mexico Netherlands Institute for Neuroscience, Amsterdam, The Netherlands. https://www.societe-neuroendocrinologie.fr/Breves/26-Le-syndrome-metabolique.

92 'Sleep Drives Metabolite Clearance from the Adult Brain'., *Science*, October 2013.

93 https://www.santelog.com/actualites/horloge-biologique-limportance-du-rythme-pour-le-nettoyage-glymphatique.

94 WANG, K., Qi CHAI, Hui QIAO, J. ZHANG, Liu TINGHONG, M. FANGANG. «Vagus Nerve Stimulation Balanced Disrupted Default-Mode Network and Salience Network in a Postsurgical Epileptic Patient». *Neuropsychiatric Disease and Treatment* Volume 12: 2016. p. 2561–2571. Doi: 10,214 7/ndt.s116906.

95 KOOPMAN FA, CHAVAN, SS, MIJIKO, S, GRAZIO, S, SOKOLOVIC, S, SCHUURMAN, PR, et al. "Vagus nerve stimulation inhibits cytokine production and attenuates disease severity in rheumatoid arthritis." *Proc Natl Acad. Sci. U S A* (2016) 113:8284–9. doi:10.1073/pnas.1605635113

96 BREIT, S., KUPFERBERG, A., ROGLER, G., HSLER, G. (2018). "Vagus Nerve as Modulator of the Brain-Gut Axis in Psychiatric and Inflammatory Disorders." *Frontiers in psychiatry*, *9*, 44. https://doi.org/10.3389/fpsyt.2018.00044.

97 SUAREZ, EC, KRISHNAN, RR, LEWIS, JG. "The relation of severity of depressive symptoms to monocyte-associated pro-inflammatory cytokines and chemokines in

apparently healthy men." *Psychosom. Med* (2003) 65:362 – 8. doi:10.1097/01.PSY.0000035719.79068.2B

[98] FELGER JC, LOTRICH, FE. 'Inflammatory cytokines in depression: neurobiological mechanisms and therapeutic implications.' *Neuroscience* (2013) 246:199–229. doi:10.1016/j.neuroscience.2013.04.060

[99] SCHIEPERS, OJG, WICHERS, MC, MAES, M. "Cytokines and major depression." *Prog. Neuropsychopharmacol. Biol. Psychiatry* (2005) 29:201 – 17. doi:10.1016/j.pnpbp.2004.11.003

[100] https://www.revmed.ch/RMS/2013/RMS-372/Frequence-cardiaque-de-l-interet-de-mesurer-sa-variabilite.

[101] BERG, G., RYBAKOVA, D., FISCHER, D. *et al.* 'Microbiome definition re-visited: old concepts and new challenges.' *Microbiome* **8,** 103 (2020). https://doi.org/10.1186/s40168-020-00875-0.

[102] Le BRETON (D.), *Anthropologie du corps et modernité.* Presses universitaires de France, coll. Quadrige, Paris, 2003, p.33.

[103] https://www.theglobeandmail.com/arts/i-pledge-allegiance-to-that-face-on-my-classrooms-wall/article550551/.

[104] Bohm, 1980, p. 172.

[105] https://www.ccpeweb.ca/adultes-survecu-abus-negligence/.

[106] https://www.vetfolio.com/learn/article/the-psychological-aspects-of-abuse-and-neglect-in-animals.

[107] FRANKENHUIS, W. E., de WEERTH, C. (2013). "Does early-life exposure to stress shape or impair cognition?" *Current Directions in Psychological Science*, 22, 407-412.

[108] James W. PRESCOTT, PhD '*The Origins of Love & Violence: An Overview*,' March 28, 2002, http://ttfuture.org/bonding/ love violence.

[109] C. D. WILLIAMS, 'Kwashiorkor: A Nutritional Disease of Children Associated with a Maize Diet,' *Lancet* 226, (1935): 1151–2.

[110]https://papyrus.bib.umontreal.ca/xmlui/bitstream/handle/1866/24171/El_Amraoui_Anai%cc%88s_2020_Memoire.pdf?sequence=8&isAllowed=y.

[111] XIANG, LI, Timothy CROW, Neil ROBERS. (2019). 'Cerebral Torque Is Human Specific and Unrelated to Brain Size.' *Brain Structure & Function* 224 (3): 1141–50. Doi: 10.1007/s00429-018-01818-0.

[112] Jerome J. MALLER, Rodney ANDERSON, Richard H. THOMSON, Jeffrey V. ROSENFELD, Zafiris J. DASKALAKIS, Paul B. FITZGERALD, 'Occipital bending (Yakovlevian torque) in bipolar depression,' *Psychiatry Research: Neuroimaging*, Volume 231, Issue 1, 2015, Pages 8–14, ISSN 0925–4927, https://doi.org/10.1016/j.pscychresns.2014.11.008.

(https://www.sciencedirect.com/science/article/pii/S0925492714003023).

113 Tetsuji MORI, Annalisa BUFFO, Magdalena GÃTZ, 'The Novel Roles of Glial Cells Revisited: The Contribution of Radial Glia and Astrocytes to Neurogenesis', *Current Topics in Developmental Biology*, Academic Press, Volume 69, 2005, Pages 67–99, ISSN 0070–2153, ISBN 9,780,121,531,690, https://doi.org/10.1016/S0070-2153 (05) 69004-7. (https://www.sciencedirect.com/science/article/pii/S0070215305690047).

114 LUNDGAARD, I., OSORIO, M. J., KRESS, B. T., SANGAARD, S., NEDERGAARD, M. (2014). "White matter astrocytes in health and disease." *Neuroscience*, *276*, 161–173. https://doi.org/10.1016/j.neuroscience.2013.10.050.

115 Hideaki NAGASE, Robert VISSE, Gillian MURPHY, "Structure and function of matrix metalloproteinases and TIMPs," *Cardiovascular Research*, Volume 69, Issue 3, February 2006, Pages 562–573, https://doi.org/10.1016/j.cardiores.2005.12.002.

116 HERCULANO-HOUZEL, S. 'The glia/neuron ratio: how it varies uniformly across brain structures and species and what that means for brain physiology and evolution.' *Glia*. (2014) Sep; 62 (9):1377-91. doi: 10.1002/glia.22683. Epub. 2014 May 7. PMID: 24807023.

[117] https://www.pbs.org/wnet/nature/are-honey-badgers-one-worlds-smartest-animals/21144/.

[118] JUNG (C. G.) *Correspondance 1950-1954*, Paris, Albin Michel S.A., Paris, 1994, p. 97.

[119] DAMASIO (A. R.) *The Feeling of What Happens.* 1ère éd. New York: Harcourt Brace. 1999.

[120] DAMASIO, A.R, *Descartes Error: Emotion, Reason, and the Human Brain*, New York: Avon Books, 1995.

[121] KOENIGS, M. (2012). The role of prefrontal cortex in psychopathy. *Reviews in the neurosciences*, *23* (3), 253–262. https://doi.org/10.1515/revneuro-2012-0036.

[122] JUNG (C. G.), *Correspondance 1958-1961*, Albin Michel S.A., Paris, 1996, p.207.

[123] André MALRAUX, « Cahiers » 1982, éditions de l'Herne. ISBN : 9 782 851 970 466.

www.ingramcontent.com/pod-product-compliance
Ingram Content Group UK Ltd.
Pitfield, Milton Keynes, MK11 3LW, UK
UKHW012250290726
14090UKWH00016B/562